Cehennem

Dr. Jaerock Lee

1 İşkenceye tabi sayısız ruhun kan sızıntıları geniş çapta akan bir nehir oluşturur.

2 Cehennemin korkunç şekilde çirkin müstahdemlerinin yüzleri, insan-benzeri ya da çeşitli çirkin ve murdar hayvanların biçimindedir.

3 Kan nehrinin kıyılarında, henüz ergenlik çağına gelmemiş azap halindeki 6 yaş üzeri çocuklar vardır. Günahlarının ağırlığına göre bedenleri bataklığın derinlerine ya da kan nehrinin yakınına gömülmüştür.

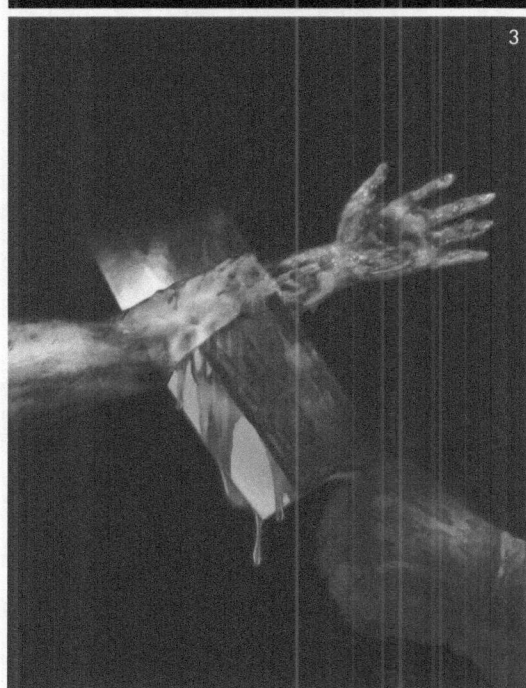

1 Atık suların oluşturduğu pis kokulu havuz sayısız ürkütücü böcekle doludur ve bu böcekler havuza hapis olmuş ruhların bedenlerini kemirir. Böcekler, karınlarından yukarı doğru bedenlerini delerler.

2,3 Küçük bir hançerden baltaya kadar, cehennemin korkunç görünümlü ve domuz suratlı müstahdemi işkence için çeşitli araçları hazırlar. Bir ağaca bağlanmış ruhun bedenini parçalara ayırır.

Yanmakta olan kızgın kap korkunç kokulu ve çabuk kaynayan bir sıvıyla doldurulur. Bir zamanlar karı-koca olan suçlanan ruhlar kaba teker teker batırılır. Eşlerden biri işkence içindeyken, diğeri eşinin cezasının uzun sürmesi için yalvarır.

Açıkağızları ve sivri dişleriyle sayısız ufak böcek, tepeye tırmanan insanları kovalarlar. Dehşete düşen ruhların bedenini anında böcekler kaplar ve yere düşerler.

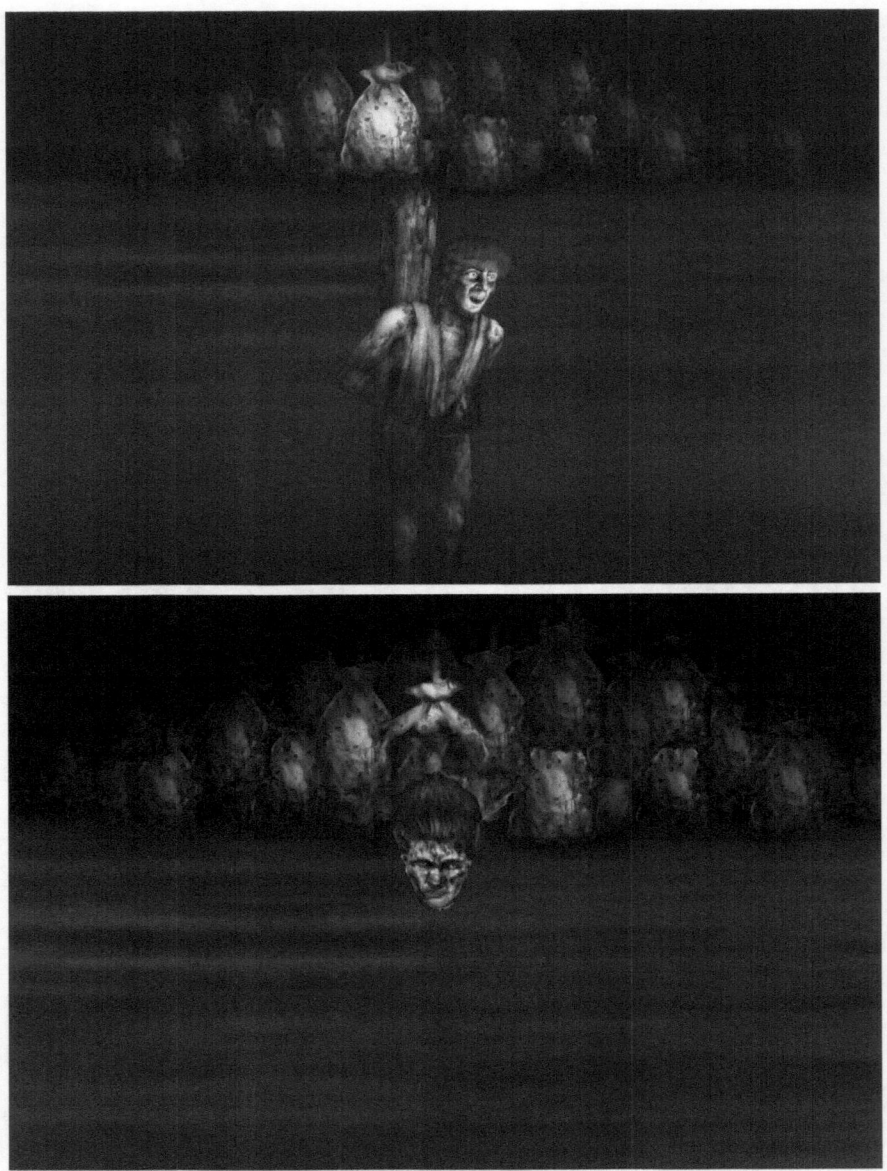

Tanrı'ya karşı geleni izleyen sayısız siyah başlı takipçiler, keskin dişleriyle asinin bedenini vahşice ısırırlar. Azap, böceklerin kemirmesinden ya da hayvanların parçalamasından daha büyüktür.

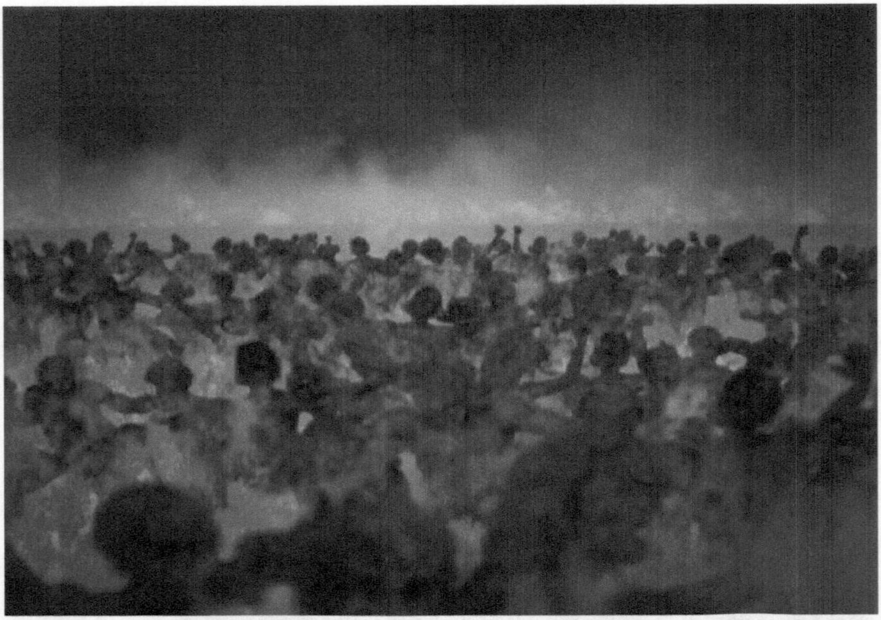
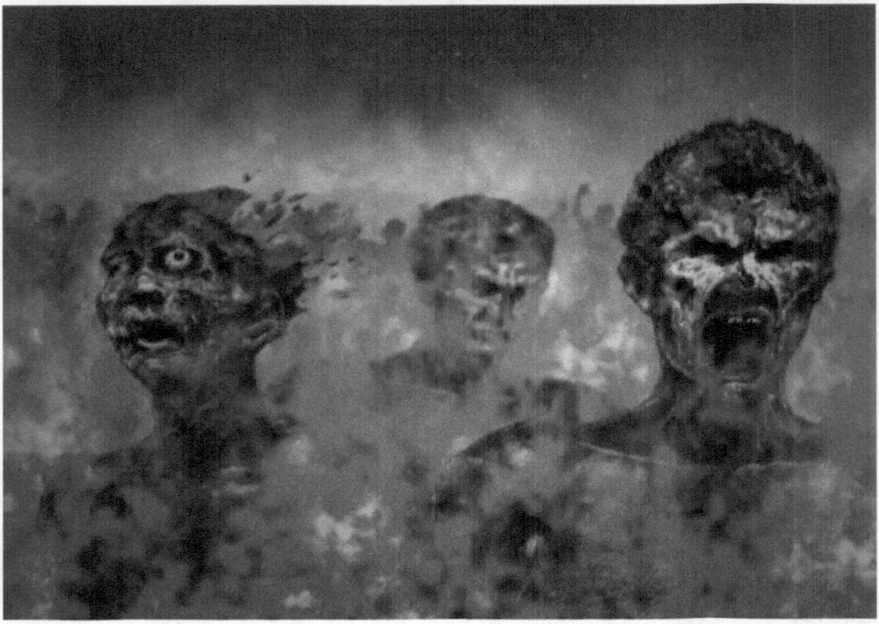

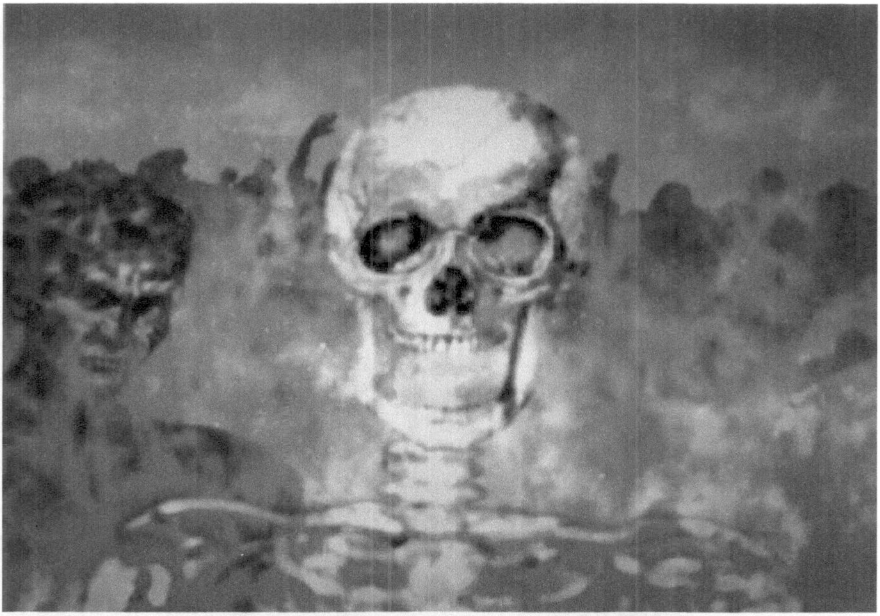

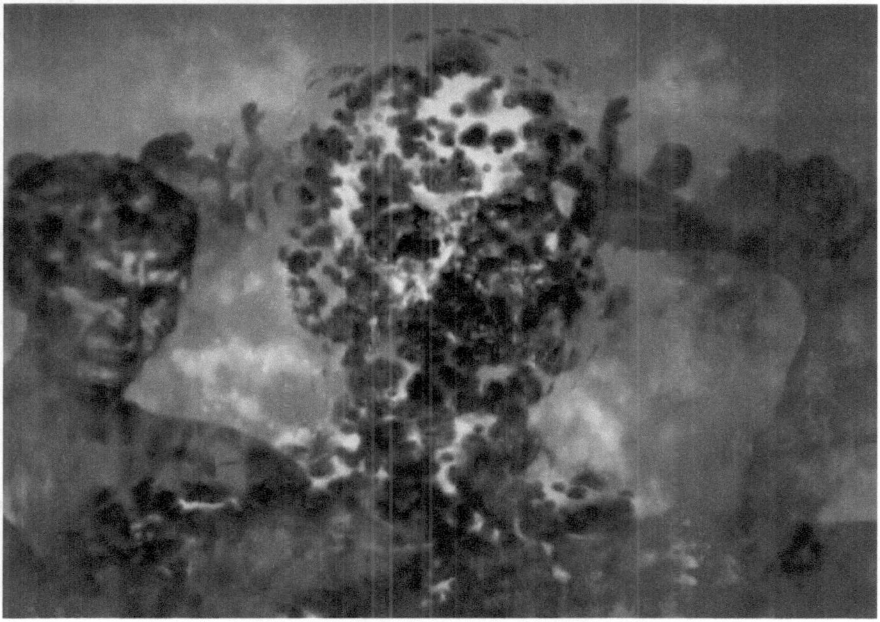

Ateş gölüne atılanlar acıyla zıplar ve yüksek sesle çığlık atarlar. Gözleri kan çanağına döner ve beyinleri çatlayarak sıvılar dışarı akar.

Bir kimsenin eritilmiş demirin kızgın sıvısını içtiğini farz edin. O kişinin organları yanar. Kükürt gölüne atılan ruhlar acının baskısı altında olduklarından ne inleyebilir ne de düşünebilirler.

"Bir gün yoksul adam öldü,
melekler onu alıp İbrahim'in yanına götürdüler.
Sonra zengin adam da öldü ve gömüldü.
Ölüler diyarında ıstırap çeken zengin adam başını kaldırıp
uzakta İbrahim'i ve onun yanında Lazar'ı gördü.
'Ey babamız İbrahim, acı bana!' diye seslendi.
'Lazar'ı gönder de parmağının ucunu
suya batırıp dilimi serinletsin.
Bu alevlerin içinde azap çekiyorum.' İbrahim, 'Oğlum' dedi,
'Yaşamın boyunca senin iyilik payını,
Lazar'ın da kötülük payını aldığını unutma.
Şimdiyse o burada teselli ediliyor,
sen de azap çekiyorsun.
Üstelik, aramıza öyle bir uçurum kondu ki,
ne buradan size gelmek isteyenler gelebilir,
ne de oradan kimse bize gelebilir.'
Zengin adam şöyle dedi: 'Öyleyse baba,
sana rica ederim, Lazar'ı babamın evine gönder.
Çünkü beş kardeşim var. Lazar onları uyarsın ki,
onlar da bu ıstırap yerine düşmesinler.'
İbrahim, 'Onlarda Musa'nın ve peygamberlerin sözleri var,
onları dinlesinler' dedi.
Zengin adam, 'Hayır, İbrahim baba, dinlemezler!' dedi.
'Ancak ölüler arasından biri onlara giderse, tövbe ederler.'
İbrahim ona, 'Eğer Musa ile peygamberleri dinlemezlerse,
ölüler arasından biri dirilse bile ikna olmazlar' dedi."

Luka 16: 22-31

Cehennem

*[Cehennemde] Oradakileri kemiren kurt ölmez,
Yakan ateş sönmez.
Çünkü herkes ateşle tuzlanacaktır.*
(Markos 9:48-49)

Cehennem

Dr. Jaerock Lee

Cehennem Yazar: Dr. Jaerock Lee
Urim Kitapları tarafından yayınlanmıştır (Temsilci: Seongnam Vin)
73, Yeouidaebang-ro 22-gil, Dongjak-gu, Seoul, Korea
www.urimbooks.com

Yayınevinin yazılı izni olmadan bu yayının herhangi bir biçimde çoğaltılması, bilgisayar ortamında kullanılması, fotokopi yoluyla dağıtılması veya herhangi bir şekilde (elektronik, mekanik, kayıt) yayınlanması yasaktır.

Aksi belirtilmedikçe, tüm alıntılar Türkçe Kutsal Kitap'tan alınmıştır. Eski Antlaşma © The Bible Society in Turkey, 2001 Yeni Antlaşma © Thre Translation Trust, 1987, 1994, 2001.

Telif Hakkı © 2016 Dr. Jaerock Lee
ISBN: 979-11-263-0106-5 03230
Çeviri Hakkı © 2014 Dr. Esther K. Chung. İzin alınmıştır.

Daha önce Kore dilinde Urim Kitapları tarafından 2002 yılında yayınlanmıştır.

İlk Baskı Mayıs 2016

Editör: Dr. Geumsun Vin
Urim Kitapları Yazı İşleri Ofisi tarafından tasarlanmıştır.
Prione Matbaacılık tarafından basılmıştır
Daha fazla bilgi için: urimbook@hotmail.com

Önsöz

Bu kitabın, tüm insanların kurtuluşa sahip olmasını isteyen Tanrı'nın sevgisini anlamalarını sağlayacak, sayısız ruhu güzelim göksel egemenliğe taşıyacak yaşam ekmeği görevini görmesi umuduyla....

Günümüzde insanlar göksel egemenlik ve cehennemi duyduklarında, "Böylesi bilimsel bir medeniyetin olduğu zamanda nasıl böyle şeylere inanabilirim?" gibi olumsuz bir yaklaşım sergiler veya "Bu şeyleri ancak öldükten sonra bilebilirsiniz." derler.

Önceden bilmelisiniz ki ölümden sonra hayat vardır. Son nefesinizi aldığınız vakit çok geçtir. Yeryüzünde son nefesinizi verdikten sonra, hayatınızı sil baştan tekrar yaşama şansınız asla olmayacak. Sizleri sadece yeryüzünde ektiklerinizi biçeceğiniz Tanrı'nın Yargısı bekler.

Kutsal Kitap aracılığıyla Tanrı, kurtuluş yolunu, göksel

Cehennem

egemenlik ve cehennemin varlığını ve Tanrı'nın Sözüne göre gerçekleşecek Yargıyı zaten ifşa etmiştir. Gücünün olağanüstü eserlerini Eski Ahit'in peygamberleri ve İsa yoluyla ortaya koymuştur.

Hatta bu gün bile Tanrı, yaşıyor olduğunu, Kendisinin en sadık ve bağlı kulları aracılığıyla Kutsal Kitap'ta yazılan Gücünü, harikalar, belirtiler ve diğer olağanüstü eserlerle ortaya koyarak Kutsal Kitap'ın gerçek olduğunu göstermektedir. Tanrı'nın bunca eserine rağmen, inanmayanlar vardır. Bu sebeple Tanrı, çocuklarına göksel egemenlik ve cehennemi göstermiş ve onların gördüklerini tüm dünyada anlatmalarına teşvik etmiştir.

Sevgi Tanrı'sı göksel egemenlik ve cehennemi bana da detaylıca ifşa etmiş ve Mesih'in İkinci Gelişi yaklaşırken tüm dünyada bu mesajı yaymama teşvik etmiştir.

Cehenneme ait aşağı ölüler diyarında ki ıstıraplı ve iğrenç sahneleri duyurduğumda, cemaatimde ki pek çok kişinin aşağı ölüler diyarında ki korkunç ve acımasız cezalara maruz kalan canlar için üzüntü için de titrediğini ve gözyaşlarına boğulduğunu gördüm.

Önsöz

Büyük Beyaz Tahtın Yargısının gerçekleşeceği güne kadar, kurtulmayan canlar aşağı ölüler diyarında kalır. Yargı'dan sonra kurtulmayan canlar ya ateş ya da kükürt gölüne atılacaklardır. Ateş veya kükürt gölünde ki cezalar, aşağı ölüler diyarında ki cezalardan çok daha ağırdır.

Kutsal Kitap'ta dayanağını Tanrı'nın Sözünden alan Kutsal Ruh'un işleri yoluyla Tanrı'nın bana gösterdiklerini yazıyorum.

Bu kitap, cehennemin sonu asla gelmeyen ıstıraplarını önceden haber vererek oldukça çok canı kurtarmak isteyen Baba Tanrı'dan içten bir mesajdır.

Tanrı, tüm insanlığı kurtarmak için tek Oğlu'nun çarmıhta ölmesi için sunmuştur. Ayrıca tek bir canın bile içler acısı cehenneme düşmesini önlemeyi istemektedir. Tanrı, tek bir canı tüm dünyadan değerli tutar ve bir kişi imanla kurtulduğunda oldukça mutlu ve hoşnut göksel varlık ve meleklerle kutlamalar yapar.

Bu kitabı yayınlamam da tüm övgüler ve şükranlar Tanrı'yadır. Ümit ediyorum ki tek bir canı bile cehenneme kaybetmek istemeyen Tanrı'nın yüreğini anlar ve gerçek imanı elde edersiniz. Ayrıca, cehenneme doğru koşan tüm canlara müjdeyi duyurmanızı şiddetle tavsiye ediyorum.

Ayrıca Urim Kitapları ve yazı işleri Yöneticisi Geumsun Vin'de olmak üzere tüm çalışanlara teşekkürlerimi sunarım. Ümit ediyorum ki tüm okuyucular, ölümden sonra sonsuz bir yaşam ve yargı olduğunu kavrar ve mükemmel kurtuluşa nail olurlar.

Jaerock Lee

Giriş

Sayısız canın, cehennemin ıstıraplarını anlaması, tövbe etmesi, ölümün yolundan sıyrılması ve kurtulması duasıyla...

Kutsal Ruh'un esinlemesiyle Manmin Joong-ang Kilisesinin kıdemli papazı Dr. Jaerock Lee, ölümden sonra ki yaşam ve cehennemde ki azabı öğrendi. Bizler mesajlarını derledik ve sayısız insan tam bir netlik ve doğrulukla cehennemi bilsinler diye bu gün *Cehennem* adı altında bir kitap olarak yayınlıyoruz. Tüm övgü ve şükranlarımı Tanrı'ya sunuyorum.

Bu gün pek çok kişi ölümden sonra ki yaşama merak duyar. Ancak sınırlı kapasitemizle cevap almak bizler için mümkün değildir. Bu kitap, özellikle Kutsal Kitap aracılığıyla bizlere ifşa edilen cehennemin güçlü ve kapsamlı bir izahıdır. *Cehennem*, dokuz bölümden oluşur.

Cehennem

Bölüm 1 "Gerçekten Göksel Egemenlik ve Cehennem var mı?" göksel egemenlik ve cehennemin ayrıntılı yapısını betimler. Luka 16'da ki zengin adam ve dilenci Lazar benzetmesiyle, Eski Ahit zamanından bu yana kurtulan canların yukarı ölüler diyarında ve Büyük Yargı Gününe dek kurtulmayan canların ise aşağı ölüler diyarında azap çektiği anlatılır.

Bölüm 2 "Müjdeyi Hiç Duymamış Olanların Kurtuluş Yolu" vicdanın yargılanmasını anlatır. Farklı olaylar için Yargılamanın farklı kriterleri ayrıca tartışılır. Kürtaj ve düşük yüzünden doğmamış fetüsler, beş yaşına kadar olan çocuklar ve altı ile ergenlik öncesi çocuklar gibi.

Bölüm 3 "Aşağı Ölüler Diyarı ve Cehennem Elçilerinin Kimlikleri," aşağı ölüler diyarında ki bekleme yerini detaylıca anlatır. Ölümden sonra insanlar aşağı ölüler diyarının bekleme yerinde üç gün kalır ve sonra günahlarının ağırlığına göre aşağı ölüler diyarında ki farklı yerlere giderek Büyük Beyaz Tahtın Yargı gününe kadar azap çekerler. Aşağı ölüler diyarını yöneten kötü ruhların kimlikleri ayrıca açıklanır.

Bölüm 4 "Aşağı Ölüler Diyarında ki Cezalar ve Kurtulamayan

Giriş

Çocuklar," yanlıştan doğruyu ayıramayan ve henüz olgunluk yaşına erişmemiş çocukların bile kurtuluşa nail olamayacağını anlatır. Çocukların çarptırılmış olduğu çeşitli cezalar yaş gruplarına göre kategorize edilir. Fetüsler, meme emenler, yeni yürümeye başlayanlar, üçten beş yaşına kadar olanlar ve altıdan on iki yaşına kadar olan çocuklar gibi.

Bölüm 5 "Ergenlik Çağından Sonra Ölen Çocuklar için Cezalar," ergenlik çağını geçmiş insanlar için verilen cezaları anlatır. On üç yaşın üzerinde olanlara verilen cezalar, günahlarının ağırlıklarına göre dört seviyede incelenir. İnsanların günahları ne kadar ciddiyse alacakları cezalarda o kadar büyüktür.

Bölüm 6 "Kutsal Ruh'a Küfür Etmenin Cezası," Kutsal Kitap'ta yazıldığı gibi bazı günahların tövbe yoluyla bile affedilmeyeceğini okuyuculara hatırlatır. Bu bölüm ayrıca detaylı örnekler vererek, ceza çeşitlerini anlatır.

Bölüm 7 "Büyük Sıkıntı Zamanında Kurtuluş," zamanın sonlarında yaşadığımız ve Rab'bin Gelişinin yakında olacağı konularında bizi uyarır. Bu bölüm detaylıca Mesih'in Geleceği zaman neler olacağını ve Büyük Sıkıntı zamanında geride

Cehennem

bırakılmış insanların ancak şehit düşerek kurtuluşa nail olacaklarını anlatır. Yedi-Yıllık Düğün şölenine katılabilmek için kendinizi Rab İsa için bir gelin gibi hazırlamanızı ve aşırı coşku ertesi geride bırakılmaktan kaçınmanızı öğütler.

Bölüm 8 "Büyük Yargı'dan Sonra Cehennemde ki Cezalar," Mutluluk Çağı (Bin Yıl) sonunda Yargıyı, kurtulamayan canların aşağı ölüler diyarından cehenneme nasıl taşınacağını, onlara yüklenilmiş çeşitli cezaları ve kötü ruhların kaderleriyle cezalarını ayrıntılarıyla inceler.

Bölüm 9 "Sevgi Tanrı'sı Niçin Cehennemi Hazırladı?" Tek ve Yegâne Oğlu'nu kurban olarak sunmasıyla gözler önüne serilen Tanrı'nın bol ve taşan sevgisini anlatır. Bu son bölüm, Tanrı'nın cehennemi niçin yaratmak zorunda olduğunu detaylıca anlatır.

Cehennem, canların kurtuluşa nail olmasını ve imanda dikkatli durmalarını arzulayan Tanrı'nın sevgisini anlamaya teşvik eder. Cehennem, pek çok canı kurtuluş yoluna taşımanızı öğütleyerek sonlanır.

Tanrı, merhamet ve şefkatle doludur ve sevginin bizzat

kendisidir. Bu gün, müsrif oğlunun geri dönüşünü bekleyen bir babanın yüreğiyle, Tanrı, tüm canların günahlarından sıyrılarak kurtuluşa nail olmasını içtenlikle bekler.

Bu sebeple, tüm samimi duygularımla, dünyada ki sayısız canın azap dolu cehennemin var olduğunu idrak etmelerini ve kısa zamanda Tanrı'ya dönmelerini umut ediyorum. Ayrıca kendilerini dikkatli ve uyanık tutmaları, olabildiğince çok insanı göksel egemenliğe taşıyabilmeleri için Mesih İsa adıyla dua ediyorum.

Geumsun Vin
Yazı İşleri Kurulu Yöneticisi

İçindekiler

Önsöz

Giriş

Bölüm 1 –

Gerçekten Göksel Egemenlik ve Cehennem var mı? • 1

1. Göksel Egemenlik ve Cehennem Kesinlikle Vardır
2. Zengin Adamla Dilenci Lazar'ın Benzetmesi
3. Göksel Egemenlikle Cehennemin Yapısı
4. Yukarı Ölüler Diyarı ve Cennet
5. Cehennem Yolunda ki Bekleme Yeri olan Aşağı Ölüler Diyarı

Bölüm 2 –

Müjdeyi Hiç Duymamış Olanların Kurtuluş Yolu • 25

1. Vicdanın Yargısı
2. Kürtaj ve Düşük Nedeniyle Doğmamış Bebekler
3. Beş Yaşına Kadar Olan Çocuklar
4. Altı İle Ergenlik Öncesi Çocuklar
5. Âdem ile Havva Kurtuldu mu?
6. İlk Katil Kayin'e Ne Oldu?

Bölüm 3 –

Aşağı Ölüler Diyarı ve Cehennem Elçilerinin Kimlikleri • 57

1. Cehennemin Elçileri İnsanları Aşağı Ölüler Diyarına Alırlar
2. Kötü Ruhların Dünyasına Açılan Bekleme Yeri
3. Aşağı Ölüler Diyarında ki Farklı Günahlar İçin Farklı Cezalar
4. Aşağı Ölüler Diyarının Sorumlusu Lusifer
5. Cehennemin Elçilerinin Kimlikleri

Bölüm 4 –

Aşağı Ölüler Diyarında ki Cezalar ve Kurtulamayan Çocuklar • 75

1. Fetüsler ve Meme Emen Bebekler
2. Yeni Yürümeye Başlayan Bebekler
3. Yürüyecek ve Konuşacak Kadar Büyük Çocuklar
4. Altı Yaşından On iki Yaşına Kadar Olan Çocuklar
5. Peygamber Elişa ile Alay Eden Gençler

Bölüm 5 –

Ergenlik Çağından Sonra Ölen Çocuklar için Cezalar • 93

1. Cezanın İlk Seviyesi
2. Cezanın İkinci Seviyesi
3. Firavun'un Cezası
4. Cezanın Üçüncü Seviyesi
5. Vali Pilatus'un Cezası
6. İsrail'in İlk Kralı Saul'un Cezası
7. Yahuda İskariot'un Dördüncü Seviyede ki cezası

Bölüm 6 –

Kutsal Ruh'a Küfür Etmenin Cezası • 137

1. Kaynayan Sıvıdan Bir Havuzda Acı Çekme
2. Dik Bir Tepeye Tırmanma
3. Kızdırılmış Demirle Ağızda Kavrulmak
4. Muazzam Büyüklükte İşkence Makineleri
5. Bir Ağacın Gövdesine Bağlanma

Bölüm 7 –

Büyük Sıkıntı Zamanında Kurtuluş • 167

1. Mesih'in Gelişi ve Büyük Coşku
2. Yedi-Yıllık Büyük Sıkıntı
3. Büyük Sıkıntı Sırasında Şehitlik
4. İsa'nın İkinci Gelişi ve Mutluluk Çağı (Bin Yıl)
5. Rab'bin Güzel Gelini Olmak İçin Hazırlanma

Bölüm 8 –

Büyük Yargı'dan Sonra Cehennemde ki Cezalar • 191

1. Yargıdan Sonra Kurtulmayan Canlar Cehenneme Düşer
2. Ateş ve Kükürt Gölü
3. Bazıları Yargıdan Sonra Bile Aşağı Ölüler Diyarında Kalır
4. Dipsiz Derinliklere Hapsedilen Kötü Ruhlar
5. Cinlerin Sonu Nerede Biter?

Bölüm 9 –

Sevgi Tanrı'sı Niçin Cehennemi Hazırladı? • 225

1. Tanrı'nın Sabır ve Sevgisi
2. Sevgi Tanrı'sı Niçin Cehennemi Hazırlamak Zorunda Kaldı?
3. Tanrı, Tüm İnsanların Kurtuluşa Nail Olmasını İster
4. Cesurca Müjdeyi Duyur!

Bölüm 1

Gerçekten Göksel Egemenlik ve Cehennem var mı?

1. Göksel Egemenlik ve Cehennem Kesinlikle Vardır
2. Zengin Adamla Dilenci Lazar'ın Benzetmesi
3. Göksel Egemenlikle Cehennemin Yapısı
4. Yukarı Ölüler Diyarı ve Cennet
5. Cehennem Yolunda ki Bekleme Yeri olan Aşağı Ölüler Diyarı

"İsa şöyle yanıtladı:
"Göklerin Egemenliği'nin sırlarını
bilme ayrıcalığı size verildi,
ama onlara verilmedi.'"
- Matta 13:11 -

"Eğer gözün günah işlemene neden olursa, onu çıkar at.
Tanrı'nın Egemenliği'ne tek gözle girmen,
iki gözle cehenneme atılmandan iyidir."
- Markos 9:47 -

Çevremizde ki pek çok insan ölümden korkar ve hayatlarını kaybedecekleri endişe ve korkusuyla yaşarlar. Ancak buna rağmen Tanrı'yı aramazlar çünkü ölümden sonra ki yaşama inanmazlar. Dahası, Mesih'te imanları olduğunu söyleyen pek çok kişi, imanda bir yaşamı sürdürmekte başarısız görünürler. Her ne kadar Tanrı bizlere Kutsal Kitap'ta ölümden sonra ki yaşamlar olan göksel egemenlik ve cehennemi açıklamış olsa da, insanlar aptallık nedeniyle kuşku duyar ve ölümden sonra ki yaşama inanmazlar.

Ölümden sonra ki yaşam, görülmeyen ruhani bir dünyadır. Tanrı, bilmelerine müsaade etmediği sürece insanlar onu kavrayamaz. Kutsal Kitap'ta mütemadiyen yazıldığı gibi, göksel egemenlik ve cehennem kesinlikle vardır. Bu sebeple Tanrı, tüm dünyada ki pek çok insana göksel egemenlik ve cehennemi gösterir ve onların dünyanın her köşesine bunu yaymalarına izin verir.

"Göksel egemenlik ve cehennem kesinlikle vardır."

"Göksel egemenlik, güzel ve büyüleyici bir yerdir. Ama cehennem, hayallerinizin çok ötesinde kasvetli ve berbat bir yerdir. Ölümden sonra yaşamın var olduğuna inanmanızı şiddetle tavsiye ediyorum."

"Göksel egemenliğe veya cehennem girmek tamamıyla sizin elinizdedir. Cehenneme düşmemek için, tüm günahlarınızdan hemen tövbe etmeli ve İsa Mesih'i kabul etmelisiniz."

"Cehennem kesinlikle vardır. İnsanların sonsuza dek ateş içinde azap çekecekleri yerdir. Göksel egemenlikte kesinlikle vardır. Göksel egemenlik sizin daimi eviniz olabilir."

Sevgi Tanrı'sı, Mayıs 1984'den beri bana gökleri açıklamaktadır. Mart 2000'den itibaren de cehennemi detaylıca anlatmaya başlamıştır. Bir kişinin bile ateş ve kükürt gölünde cezalandırılmasını istemediğinden, benden göksel egemenlik ve cehennem hakkında öğrendiklerimi tüm dünyaya yaymamı istemiştir.

Tanrı, bir keresinde bana azap içinde cehenneme gidecekleri günü bekledikleri aşağı ölüler diyarında acı çeken ve üzüntüyle dövünen bir canı göstermişti. Müjdeyi duyabildiği fırsatlara sahip olmasına rağmen bu can, Rab'bi kabullenmeyi reddetmiş ve sonunda ölümden sonra cehenneme düşmüştü. Aşağıdakiler onun itirafnamesidir.

Günleri sayıyorum.
Hiç durmadan, mütemadiyen sayıyorum ama
sonu gelmiyor.
Bana anlattıkları zaman İsa Mesih'i kabul
etmeliydim.
Şimdi ne yapacağım?

Şimdi pişmanlık duymam bütünüyle anlamsız.
Şimdi ne yapacağımı bilmiyorum.
Bu azaptan kaçmak istiyorum ama ne
yapacağımı bilmiyorum.
Bir gün, iki gün ve üç gün diye sayıyorum.
Ama günleri böyle saysam bile faydasız

olduğunu biliyorum.
Yüreğim acı içinde!
Ne yapacağım? Ne yapacağım?
Bu muazzam acıdan nasıl azat olabilirim?
Ne yapacağım, ah benim zavallı canım?
Buna nasıl katlanacağım?

1. Göksel Egemenlik ve Cehennem Kesinlikle Vardır

İbraniler 9:27 şöyle yazar, *"Bir kez ölmek, sonra da yargılanmak nasıl insanların kaderiyse..."* Tüm erkek ve kadınların kaderinde ölmek vardır ve son nefeslerini verdikten sonra onları bekleyen yargının hemen ertesinde ya göksel egemenliğe ya da cehenneme giderler.

Tanrı, herkesin göksel egemenliğe girmesini ister çünkü Tanrı, sevgidir. Tanrı, zamanın başlangıcından çok önce İsa Mesih'i hazırlamış ve zaman olgunlaştığında insanlık için kurtuluş yolunu açmıştır. Tanrı, tek bir canın bile cehenneme düşmesini istemez.

Romalılar 5:7-8 şöyle der *"Bir kimse doğru insan için güç ölür, ama iyi insan için belki biri ölmeyi göze alabilir."* Tanrı ise bizi sevdiğini şununla kanıtlıyor: "Biz daha günahkârken, Mesih bizim için öldü." Doğrusu Tanrı, tek ve yegâne Oğlu'nu esirgemeden vererek sevgisini göstermiştir.

Kurtuluş yolu sonuna kadar açılmıştır. Böylelikle İsa Mesih'i kendilerinin kişisel Kurtarıcısı kabul edenler, kurtulabilecek ve göksel egemenliğe girebileceklerdir. Ancak insanların pek çoğu her ne kadar göksel egemenlik ve cehennemi duysalar da hiçbir ilgi göstermezler. Dahası, bazıları müjdeyi duyuran insanlara zulmederler. En kötüsü de, Tanrı'ya inandıklarını söyleyen insanlar hala dünyayı sever ve günah işlemeye devam ederler çünkü ne göksel egemenlik için umutları ne de cehennem için korkuları vardır.

Şahitlerin ve Kutsal Kitap'ın Dile Getirdikleri

Göksel egemenlik ve cehennem kesinlikle var olan ruhani dünyadadır. Kutsal Kitap, pek çok kez göksel egemenlik ve cehennemin varlığından söz eder. Göksel egemenliğe ve cehenneme gidenlerde, bunların var olduğuna şahit olmuşlardır. Örneğin Kutsal Kitap'ta Tanrı bize cehennemin nasıl da azap dolu bir yer olduğunu anlatır. Böylece, ölümden sonra cehenneme düşmek yerine göksel egemenliğin ebedi yaşamına sahip olabiliriz.

"Eğer elin günah işlemene neden olursa, onu kes. Tek elle yaşama kavuşman, iki elle sönmez ateşe, cehenneme gitmenden iyidir. Eğer ayağın günah işlemene neden olursa, onu kes. Tek ayakla yaşama kavuşman, iki ayakla cehenneme atılmandan iyidir. Eğer gözün günah işlemene neden olursa, onu çıkar at. Tanrı'nın Egemenliği'ne tek gözle girmen, iki gözle cehenneme atılmandan iyidir. 'Oradakileri kemiren kurt ölmez, Yakan ateş sönmez.' Çünkü herkes ateşle tuzlanacaktır" (Markos 9:43-49).

Cehenneme gitmiş olanlar, Kutsal Kitap'ın duyurmakta olduğu aynı şeylere tanık oldular. Cehennemde, "Oradakileri kemiren kurt ölmez, Yakan ateş sönmez. Çünkü herkes ateşle tuzlanacaktır." Kutsal Kitap'ta yazıldığı gibi, ölümden sonra göksel egemenlik ve cehennemin olduğu bir kristal gibi nettir. Bu sebeple, Tanrı'nın Sözüne uygun yaşayarak göksel egemenliğe girmeye çabalamalı ve zihninizde göksel egemenliğin ve cehennemin var olduğuna inanmalısınız.

Aşağı ölüler diyarında sonu gelmeyen acılar çeken yukarıda ki can gibi, üzüntüyle dövünmemelisiniz çünkü o, müjdeyi duyabileceği pek çok fırsata sahip olsa bile Rab'bi kabul etmeyi inkâr etmişti.

Yuhanna 14:11-12'de İsa bize şöyle der, *"Bana iman edin; ben Baba'dayım, Baba da bendedir. Hiç değilse bu işlerden dolayı iman edin. Size doğrusunu söyleyeyim, benim yaptığım işleri, bana iman eden de yapacak; hatta daha büyüklerini yapacaktır. Çünkü ben Baba'ya gidiyorum."*

Eğer bir kişi insan kapasitesinin üzerinde güçlü işler sergiliyorsa, o kişinin Tanrı insanı olduğunu anlayabilir ve mesajlarının Tanrı'nın gerçek sözüne göre olduğunu onaylayabilirsiniz.

Tüm dünyada misyonerlik çalışmaları yapmamın yanı sıra yaşayan Tanrı'nın gücünün işlerini icra ederek İsa Mesih'i duyuruyorum. İsa Mesih'in adıyla dua ettiğim zaman, sayısız insan inanır ve kurtuluşu alır çünkü gücün şaşırtıcı işleri gerçekleşir. Kör, görmeye başlar, dilsiz konuşur, sakat ayaklanır ve ölen canlanır.

Bu şekilde Tanrı, güçlü işlerini benim aracılığımla ortaya koymuştur. Ayrıca detaylıca göksel egemenlik ve cehennemi anlatmış, olabildiğince çok insan kurtulsun diye tüm dünyaya gördüklerimi yaymama izin vermiştir.

Bu gün pek çok insan ölümden sonra ki yaşama – ruhani dünya – merak duyar ama insani çabalarla ruhani dünyayı net bir şekilde bilmek imkânsızdır. Kutsal Kitap aracılığıyla kısmen öğrenebilirsiniz. Ama ancak her şeyi ve hatta Tanrı ile ilgili en derin şeyleri bile araştıran Kutsal Ruh'un ilhamı altında Tanrı size anlattığında net bir şekilde keşfedebilirsiniz (1. Korintliler 2:10).

Kutsal Kitap'ta ki ayetlere dayanan cehennemle ilgili açıklamalarıma tamamıyla inanmanızı umut ediyorum çünkü ben bütünüyle ruhun etkisindeyken Tanrı'nın bizzat kendisi bana bunu açıklamıştır.

Niçin Tanrı'nın Yargısı ve cehennemde ki ceza duyurulmalı

Cehennemle ilgili mesajları duyurduğumda imanları olanlar Kutsal Ruh ile dolacak ve korkusuzca dinleyecekler. Ancak sıkıntıyla yüzleri gerilen insanlarda vardır ve ayinler sırasında "Âmin" veya "Evet" diyen olağan cevapları yavaş yavaş söner. En kötüsü ise, göksel egemenliğe girebilmek umuduyla imanlarını güçlendirmek yerine, zayıf imanları olanlar ibadet günleri gelmeyi keser ve hatta korkuyla kiliseyi terk ederler.

Bununla beraber cehennemi anlatmak zorundayım çünkü Tanrı'nın yüreğini biliyorum. Tanrı, cehenneme doğru koşan, hala karanlıkta yaşayan ve İsa Mesih'e inançlarını dile getirmiş olmalarına rağmen hala dünyevi şeyler için ödün veren insanlar hususunda çok endişelidir.

Bu sebeple tüm detaylarıyla cehennemi anlatacağım ki Tanrı'nın çocukları ışıkta yaşasın ve karanlıktan uzaklaşsın. Tanrı, Yargılamasını ve cehennemde ki cezaları duyduklarında korku ve rahatsızlık hissetmelerine rağmen, çocuklarından tövbe etmesini ve göksel egemenliğe girmesini ister.

2. Zengin Adamla Dilenci Lazar'ın Benzetmesi

Luka 16:19-31 ayetlerinde hem zengin adam hem de dilenci Lazar öldükten sonra ölüler diyarına giderler. Ancak her bir adamın içinde bulunduğu durum ve koşullar oldukça farklıdır. Zengin adam ateşler için de büyük azap çekerken, Lazar oldukça uzakta İbrahim'in yanı başındadır. Neden?

Eski Ahit zamanları, Tanrı'nın Yargısı Musa'nın Yasasına göre yürütülürdü. Dünya'da her ne kadar lüks bir hayat yaşamış olsa da, Tanrı'ya inanmadığı için zengin adam ateşlerle cezalandırılırken, zengin adamın masasından düşen artıklara hasret, yaralarla kaplı Lazar, Tanrı'ya inandığı için ebedi huzurun tadını çıkarabiliyordu.

Ölümden sonraki yaşam, Tanrı'nın Yargısıyla belirlenir

Eski Ahit'te Yakup ve Eyüp'ün de içinde olduğu imanın atalarının, öldükten sonra ölüler diyarına gideceklerini söylediklerini görürüz (Yaratılış 37:35; Eyüp 7:9). Musa'ya karşı ayaklanan Korah ve adamları, Tanrı'nın öfkesiyle birlikte ölüler diyarına diri diri inmişlerdir (Çölde Sayım 16:33).

Eski Ahit ayrıca "ölüler diyarı" veya "aşağı ölüler diyarından bahseder çünkü ölüler diyarı iki bölüme ayrılmıştır; göksel egemenliğe ait olan yukarı ölüler diyarı ve cehenneme ait olan aşağı ölüler diyarı.

Böylece Yakup ve Eyüp gibi imanın atalarının ve dilenci Lazar'ın göksel egemenliğe ait yukarı ölüler diyarına, Korah ile zengin adamın ise cehenneme ait aşağı ölüler diyarına gittiklerini biliyorsunuz.

Ölümden sonra kesinlikle bir yaşam vardır ve tüm erkeklerle kadınlar, Tanrı'nın yargısına göre ya göksel egemenliğe ya da cehenneme gideceklerdir. Cehenneme gitmekten kurtulmak için Tanrı'ya inanmanızı şiddetle tavsiye ediyorum.

3. Göksel Egemenlikle Cehennemin Yapısı

Kutsal Kitap, göksel egemenlik ve cehennemden bahsederken çeşitli isimler kullanır. Aslında göksel egemenlikle cehennemin aynı yerde olmadığını kavrarsınız.

Diğer bir deyişle göksel egemenlikten "Yukarı Ölüler Diyarı," "Cennet" veya "Yeni Yeruşalim" diye de bahsedilir. Çünkü göksel egemenlik, kurtulan canların ikamet ettiği yerdir ve çeşitli farklı yerle kategorize edilip bölünür.

"İmanın Ölçüsü" ve *"Göksel Egemenlik I & II"* kitaplarında bahsetmiş olduğum gibi, Tanrı'nın Tahtının olduğu Yeni Yeruşalim'e, Baba Tanrı'nın kaybolan suretini yeniden gerçekleştirdiğiniz ölçüde yakın oturabilirsiniz. Vehayut alternatif olarak, göğün üçüncü, ikinci ya da birinci katına imanınızın ölçüsüne

göre girebilirsiniz. Güçbelâ kurtulanlar ise cennete girebilirler. Kurtulamayan canların veya kötü ruhların ikamet yerine "aşağı ölüler diyarı," "ateş gölü," "kükürt gölü" veya "dipsiz derinlik" denir. Nasıl göksel egemenlik birçok yere ayrılmış ise, cehennem de birçok yere ayrılmıştır çünkü her bir canın ikamet yeri yeryüzünde işlemiş oldukları kötülüklerin ölçüsüne göre farklılık gösterir.

Göksel Egemenlik ve cehennemin yapısı

Göksel egemenlikle cehennemin yapısını daha iyi anlamak için bir pırlantanın (◇) şeklini hayal edin. Eğer bu şekil ikiye bölünürse, yukarıya bakan (△) ve aşağıya bakan (▽) iki üçgen meydana gelir. Yukarı bakan üçgenin göksel egemenliği, aşağı bakan üçgeninde cehennemi temsil ettiğini varsayalım.

Yukarı bakan üçgenin doruk noktası yeni Yeruşalim'i, en alçak noktası ise yukarı ölüler diyarını simgeler. Diğer bir deyişle, yukarı ölüler diyarının hemen üzerinde cennet vardır ve onu göğün birinci, ikinci, üçüncü katları ve Yeni Yeruşalim izler. Ancak bu katları, yeryüzünde ki bir binanın katları gibi düşünmemelisiniz.

11

Cehennem

Ruhani dünyada, bu dünyada yapıldığı gibi bir toprağın üzerine bir çizgi çizerek alanları ayırmanız veya şeklini söylemeniz mümkün değildir. Ben bu şekilde anlatıyorum ki benliğin insanı göksel egemenliği ve cehennemi olabildiğince net anlayabilsin.

Yukarı bakan üçgende doruk noktası Yeni Yeruşalim, en alçak noktası ise yukarı ölüler diyarıdır. Diğer bir deyişle, ne kadar çok üçgenin üzerinde tırmanırsınız, göksel egemenlikte bulacağınız krallıklarda o kadar iyi olacaktır.

Diğer şekilde, aşağı bakan üçgende, en yüksek ve en geniş olan bölüm aşağı ölüler diyarıdır. Üçgenden ne kadar aşağı inerseniz, cehenneminde o kadar derin yerlerine ulaşırsınız: Aşağı ölüler diyarı, ateş gölü, kükürt gölü ve dipsiz derinlik. İncil'in Luka ve Vahiy bölümlerinde adı geçen dipsiz derinlik, cehennemin en derin bölümleridir.

Yukarı bakan üçgende en alçak alandan en yüksek alana – cennetten Yeni Yeruşalim'e – çıkarken alan daralır. Bu şekil sizlere Yeni Yeruşalim'e giren kişilerin, cennete, göğün birinci, ikinci ve üçüncü katlarına girenlere nazaran küçük olduğunu gösterir. Çünkü ancak kutsallığı, yüreklerinin kutsallaşmasıyla mükemmelliği başaranlar, Baba Tanrı'nın yüreğini izleyenler Yeni Yeruşalim'e girebilirler.

Aşağı bakan üçgende görmüş olduğunuz gibi, nispeten az sayıda insan cehennemin derinliklerine girer çünkü vicdanları dağlanan ve en korkunç kötülükleri işleyenler buraya atılır. Daha hafif günahlar işleyen çok sayıda insan, cehennemin en geniş kısmı olan yukarı bölümüne girerler.

Böylece, göksel egemenlikle cehennemin bir pırlantanın şekline andırdığı tasavvur edilebilir. Ama göksel egemenliğin yukarı bakan, cehennemin ise aşağı bakan bir üçgene benzediği sonucunu çıkarmamalısınız.

Göksel egemenlikle cehennem arasında ki büyük boşluk

Yukarı bakan üçgenle – göksel egemenlik – ve aşağı bakan üçgen – cehennem – arasında büyük bir boşluk vardır. Göksel egemenlikle cehennem birbirine bitişik değildir ama ölçülemeyecek kadar uzaktır.

Tanrı, böylesi bir sınır çizerek göksel egemenlik ve cehennemde ki canların iki yer arasında seyahat etmelerini engellemiştir. Ancak Tanrı tarafından izin verildiği çok özel durumlarda, İbrahim'le zengin adamın yaptığı gibi birbirlerini görebilmeleri ve konuşabilmeleri mümkündür.

İki simetrik üçgenin arasında muazzam bir boşluk vardır. İnsanlar göksel egemenlikle cehennem arasında gidip gelemezler. Bununla beraber eğer Tanrı izin verirse, mesafe ne kadar uzak olursa olsun göksel egemenlik ve cehennemde ki insanlar birbirlerini görebilir, duyabilir ve konuşabilirler.

Sanırım bunu, bilim ve teknolojide ki hızlı gelişim ve ilerleme sayesinde dünyanın bir ucunda olan insanların telefon aracılığıyla konuşmaları ya da uydu aracılığıyla ekranda birbirlerini görerek sohbet etmelerini düşünerek anlayabilirsiniz.

Göksel egemenlikle cehennem arasında muazzam boşluk olmasına rağmen, zengin adam İbrahim'in yanı başında dinlenen Lazar'ı görebiliyor ve Tanrı'nın izniyle ruhani anlamda

İbrahim'le konuşabiliyordu.

4. Yukarı Ölüler Diyarı ve Cennet

Doğruyu söylemek gerekirse, ölüler diyarının yukarı mezarlığı göksel egemenliğin bir parçası olmasa da ona ait sayılır. Ama aşağı ölüler diyarı, cehennemin bir parçasıdır. Eski Ahit zamanı yukarı ölüler diyarı değişime uğramıştır.

Eski Ahit Zamanı Yukarı Ölüler Diyarı

Eski Ahit zamanı kurtulan canlar, yukarı ölüler diyarında beklerdi. İmanın atası İbrahim, yukarı ölüler diyarından sorumluydu ve bu sebeple Kutsal Kitap, Lazar'ın İbrahim'in yanı başında olduğunu yazar.

Ancak İsa Mesih'in dirilişi ve göğe yükselişinden beri kurtulan canlar artık İbrahim'in yanı başında değildir. Bu canlar, cennete transfer edilir ve orada Rab'bin yanında olurlar. Bu nedenle Luka 23:43'de İsa, yanı başında hırsızlık suçundan çarmıha gerilen ama İsa'yı kendi Kurtarıcısı olarak kabul ederek tövbe eden suçluya, *"Sana doğrusunu söyleyeyim, sen bugün benimle birlikte cennette olacaksın"* demiş olduğu yazılır (Luka 23:43).

Çarmıha gerilişinin hemen ertesinde, İsa cennete mi gitti? 1. Petrus 3:18-19 ayetleri bize şöyle der, *"Nitekim Mesih de bizleri Tanrı'ya ulaştırmak amacıyla doğru kişi olarak doğru olmayanlar için günah sunusu olarak ilk ve son kez öldü. Bedence öldürüldü, ama ruhça diriltildi. Ruhta gidip bunları zindanda olan ruhlara da duyurdu."* Bu ayetten İsa'nın yukarı ölüler diyarına giderek orada beklemekte olan kurtulabilecek canlara müjdeyi duyurduğunu görebiliriz. Bu konuyu ikinci bölümde detaylıca anlatacağım.

Ölüler diyarının yukarı mezarlığında İncil'i üç gün boyunca duyuran İsa, dirildiği ve göğe yükseldiği zaman, kurtulabilecek canları alarak cennete getirdi. Bu gün İsa, göklerde bizlere yerler hazırlıyor: *"Size yer hazırlamaya gidiyorum"* (Yuhanna 14:2).

Yeni Ahit Zamanı cennet

İsa'nın kurtuluş yolunu boydan boya açmasından sonra kurtulan canlar artık yukarı ölüler diyarında değillerdir. İnsanoğlunun yetiştiriliş sürecinin bitimine kadar cennetin uzak yakalarında, göksel egemenliğin bekleme yerinde ikamet ederler. Büyük Beyaz Tahtın yargısından sonra ise, her biri imanlarının ölçüsüne göre göksel egemenlikte ki asıl yerlerine gidecek ve orada sonsuza dek yaşayacaklardır.

Yeni Ahit zamanı tüm kurtulan canlar, cennette beklerler. Bazı kişiler bunca insanın cennette yaşıyor olmasının mümkün olup olmadığını merak eder çünkü Âdem'den bu yana sayısız insan doğmuştur. "Peder Lee! Bunca kişinin cennette yaşıyor olması nasıl mümkün olabilir? Ne kadar geniş olursa olsun tüm insanların bir arada yaşaması için yeterince büyük olmayabilir."

Dünyamızın ait olduğu güneş sistemi, galaksiyle karşılaştırıldığında bir noktadır. Öyleyse bir galaksinin ne kadar büyük olduğunu tasavvur edebiliyor musunuz? Tüm evrenle karşılaştırıldığında, galaksi de bir noktadan ibarettir. Peki, öyleyse evrenin ne muazzam büyüklükte olduğunu tasavvur edebiliyor musunuz?

Tüm bunlara ek olarak, içinde yaşamakta olduğumuz bu muazzam evren, sayısız evrenlerden sadece biridir ve tüm evrenin büyüklüğü bizim hayal gücümüzün çok ötesindedir. Bu sebeple, eğer fiziksel evrenin genişliğini derinlemesine düşünmeniz imkânsız ise, ruhani dünya da ki göksel egemenliğin genişliğini nasıl tasavvur edebilirsiniz.

Cennetin kendisi hayallerin çok ötesinde geniştir. Göğün birinci katının en yakın yeri olan sınır kenarı bile ölçülemeyecek uzaklıktadır. Şimdi cennetin kendisinin ne kadar geniş olduğunu hayal edebiliyor musunuz?

Canlar, cennette ruhani bilgi edinirler

Her ne kadar cennette göksel egemenliğin katlarına açılan bekleme yeri olsa da, bu yer, ne dar ne de sıkıcıdır. Öylesine güzel bir yerdir ki bu dünyanın en göz alıcı manzaralarıyla bile kıyas edilemez.

Cennette bekleyen canlar bazı peygamberlerden ruhani bilgiler edinirler. Ruhani bilginin sınırı yoktur. Bu çalışmalar, yeryüzünde ki çalışmalardan tamamıyla farklıdır. Zor ya da sıkıcı değillerdir. Ne kadar çok şey öğrenirlerse o kadar lütuf ve sevinçle dolarlar.

Yürekleri saf ve yumuşak olanlar, yeryüzünde dahi Tanrı ile iletişim kurarak pek çok ruhani bilgiyi öğrenirler. Ruhani gözlerle gördüğünüzde, Kutsal Ruh'un ilhamı yoluyla pek çok şeyi anlayabilirsiniz. Yeryüzünde dahi Tanrı'nın ruhani gücünü tecrübe edinebilirsiniz çünkü imanda ki ruhani yasaları anlayabilir ve yüreğinizin sünnetini gerçekleştirdiğiniz ölçüde dualarınızın cevabını alırsınız.

Yeryüzünde ruhani şeyleri öğrenip tecrübe edindiğinizde nasılda mutlu ve doygun hissedersiniz? Göksel egemenliğe ait olan cennette daha derin ruhani bilgiler edinerek nasıl mutlu ve sevinç içinde olacağınızı hayal edin!

Öyleyse bu peygamberler nerede yaşarlar? Cennet mi yaşarlar? Hayır. Yeni Yeruşalim'de girme yetkinliğine sahip canlar cennette ki bekleme yerinde yaşamazlar. Onlar Yeni Yeruşalim'de yaşayarak Tanrı'nın işlerine yardım ederler.

İsa, çarmıha gerilmeden önce, İbrahim, yukarı ölüler diyarından sorumluydu. Ama İsa'nın diriliş ve göğe yükselişinden sonra İbrahim Yeni Yeruşalim'e gitti çünkü yukarı ölüler diyarında ki vazifesi bitmişti. İbrahim, yukarı ölüler diyarındayken Musa ve İlyas neredeydi? Cennette değil ama Yeni Yeruşalim'deydiler çünkü Yeni Yeruşalim'e girme yetkinlikleri vardı (Matta 17:1-3).

Yeni Ahit zamanı yukarı ölüler diyarı

Bir kişinin fiziksel bedenine andıran ruhunun ölümden sonra ayrıldığı ve bu ruha ya göksel egemenliğin melekleri ya da cehennemin elçilerinin eşlik ettiği bir film izleyebilirsiniz. Kurtulan bir can, ölümünden hemen sonra beyaz giysiler içinde iki meleğin eşliğinde göksel egemenliğe alınırlar. Bunu bilen ve öğrenen biri, öldüğü zaman ruhu bedeninden ayrıldığında şoka uğramaz. Ancak bunu bilmeyen insan, fiziksel bedenine benzeyen ruhunu görünce şoka uğrar.

Fiziksel bedeninden ayrılan ruh, önceleri garip ve tuhaf hisseder. Durumu önceki durumundan oldukça farklıdır çünkü üçüncü boyutta yaşamış ve kendini bir anda dördüncü boyutta bulmuş olmasından dolayı o an muazzam değişimle hisseder. Bedenden ayrılan ruh, bedenin ağırlığını hissetmez ve uçar gibi olur çünkü bedenini oldukça hafif hisseder. Bu nedenle ruhani dünyaya alışmak için belli başlı şeyleri öğrenmek gereklidir. Yine aynı sebeple, kurtulan canlar, cennete girmeden önce ruhani dünyaya alışmak ve geçici olarak kalmak için yukarı ölüler diyarına alınırlar.

5. Cehennem Yolunda ki Bekleme Yeri olan Aşağı Ölüler Diyarı

Cehennemin en üst bölümü aşağı ölüler diyarıdır. Cehennemde aşağı doğru inildikçe ateş gölü, kükürt gölü ve cehennemin en derin bölümü olan dipsiz derinlik gelir. Zamanın başlangıcından beri kurtulmamış olan canlar, cehennemde değil ama hala aşağı ölüler diyarındadır.

Cehenneme gittiğini iddia eden pek çok insan vardır. Onların gerçekte aşağı ölüler diyarında azap veren sahneleri gördüklerini söyleyebilirim. Bunun nedeni işlemiş oldukları günah ve yapmış oldukları kötülüklerin ölçüsüne göre kurtulmamış olan ruhların, aşağı ölüler diyarının farklı yerlerinde olmalarıdır. Sonunda, Büyük Beyaz Tahtın Yargısı gerçekleştiğinde ya ateş ya da kükürt gölüne atılacaklardır.

Kurtulmayan canların aşağı ölüler diyarında ki ıstırapları

Luka 16:24 ayetinde aşağı ölüler diyarında ki kurtulmayan zengin adamın üzerine yüklenmiş azap oldukça iyi anlatılır. Azap içinde zengin adam bir damla su için şöyle demiştir, *"Ey babamız İbrahim, acı bana! diye seslendi. 'Lazar'ı gönder de parmağının ucunu suya batırıp dilimi serinletsin. Bu alevlerin içinde azap çekiyorum.'"*

Kemiren kurtun ölmediği, yakan ateşin sönmediği cehennemde, ölme umutları bile olmadan, yerle bir eden ateşin içersinde azap çeken diğer insanlarla birlikte sürekli ıstırap içinde olan ruhlar, nasıl dehşet ve kanları donduran korku içinde olmasınlar?

Cehennemin acımasız elçileri, Hadep'in zifiri karanlığında ruhlara azap çektirirler. Tüm yer, kana susamışlığın ve çürüyen cesetlerin kokusuyla çevrilmiştir. Dolayısıyla nefes almak bile zordur. Ancak cehennemde verilen cezalar, aşağı ölüler diyarında verilenlerle mukayese bile edilemez.

Üçüncü bölümden itibaren aşağı ölüler diyarının nasıl korkunç bir yer olduğunu ve gerek ateş gerekse kükürt gölünde nasıl dayanılmaz cezaların olduğunu detaylı örneklerle anlatacağım.

Kurtulmayan canlar aşağı ölüler diyarında büyük pişmanlık içindedir

Luka 16:27-30 ayetlerinde zengin adam cehennemin var olduğuna inanmamış ama ölümünden sonra aptallığını öğrenmiş ve ateş içersinde pişmanlık duymuştu. Zengin adam, İbrahim'e cehenneme gitmesinler diye Lazar'ı kardeşlerine göndermesi için yalvarmıştı.

> *"'Öyleyse baba, sana rica ederim, Lazar'ı babamın evine gönder. Çünkü beş kardeşim var. Lazar onları uyarsın ki, onlar da bu ıstırap yerine düşmesinler.' İbrahim, 'Onlarda Musa'nın ve peygamberlerin sözleri var, onları dinlesinler' dedi. Zengin adam, 'Hayır, İbrahim baba, dinlemezler!' dedi. 'Ancak ölüler arasından biri onlara giderse, tövbe ederler.'"*

Eğer bizzat kendisinin erkek kardeşleriyle konuşabilme fırsatı olsaydı, zengin adam onlara ne derdi? Onlara kesinlikle, "Cehennemin olduğunu kesinlikle biliyorum. Lütfen Tanrı'nın sözüne uygun yaşadığınızdan emin olun ve cehenneme düşmeyin çünkü cehennem tüyler ürpertici ve korkunç bir yer."

Sonsuz azap veren acı ve ıstırap içinde dahi zengin adam tüm içtenliğiyle kardeşlerini cehenneme düşmekten korumak istiyordu ve şüphesiz ki nispeten iyi bir kalbi de vardı. Peki ya bu günkü insanlar?

Bir keresinde Tanrı bana, Tanrı'dan uzaklaştıkları ve kiliseyi terk ettikleri için cehennemde azap çeken evli bir çifti göstermişti. Cehennemde bile birbirlerini suçluyor, lanet ediyor, birbirlerinden nefret ediyor ve hatta bir diğerinin daha fazla acı çekmesini istiyorlardı.

Zengin adam ise erkek kardeşlerinin kurtulmasını istemişti çünkü nispeten daha iyi bir yüreği vardı. Ancak hatırlamalısınız ki zengin adam yinede cehenneme atılmıştı. Yine hatırlamalısınız ki sadece "inanıyorum." diyerek kurtuluşa nail olamazsınız. Ölmek, insanoğlunun kaderidir ve ölümden sonra ya göksel egemenliğe ya da cehenneme gider. Bu yüzden aptal olmamalı ama gerçek bir inanan olmalısınız.

Akıllı insan kendini ölümden sonraki yaşam için hazırlar

Akıllı insan, ölümden sonra ki yaşam için gerçek anlamda kendini hazırlarken, insanların pek çoğu bu dünyada şeref, güç, zenginlik, refah ve uzun ömür sahibi olmak için gayretle çalışırlar.

Akıllı insan, Tanrı'nın sözüne uygun yaşayarak kendilerine göklerde hazine biriktirirler çünkü onlar mezarlarına hiçbir şey götüremeyeceklerini çok iyi bilirler.

Görünüşe göre Tanrı'ya inanmış ve Mesih'te hayat sürmüş olmalarına rağmen göksel egemenliği ziyaret ettiklerinde kendi evlerini bulamayanların itiraflarını duymuş olabilirsiniz. Bu dünya da Tanrı'nın değerli bir çocuğu olarak yaşarken eğer şevkle gökler için hazineler biriktirirseniz, göksel egemenlikte büyük ve güzel bir ev sahibi olabilirsiniz.

Güzelim göksel egemenliğe girebilmek için emin bir imanla mücadele vermiş, onu muhafaza etmiş, imanla gökler için hazineler biriktirip çok yakında gelecek olan Rab'bin bir gelini olarak kendinizi hazırlamış olduğunuz için gerçek anlamda kutsanmış ve akıllısınızdır.

Bir kere bir insan öldüğünde, hayatını sil baştan tekrar yaşayamaz. Bu sebeple lütfen iman sahibi olun ve göksel egemenlikle cehennemin var olduğuna inanın! İlaveten, kurtulmamış ruhların cehennemde büyük azaplar içinde olduklarını bilerek, bu yaşamınızda karşılaştığınız herkese göksel egemenlik ve cehennemin var olduğunu duyurmalısınız. Tanrı'nın sizden ne kadar hoşnut olacağını hayal edin!

Tanrı'nın sevgisini duyuranlar, insanları kurtuluş yoluna taşımak isteyenler, bu yaşamda kutsanacak ve göklerde de tıpkı bir güneş gibi parlayacaklar.

Sizleri yargılayan ve ödüllendiren Yaşayan Tanrı'ya inanmanızı ve Tanrı'nın gerçek bir çocuğu olmanızı umut ediyorum. Mümkün olduğunca çok insanı Tanrı'ya ve kurtuluş yoluna yöneltmeniz ve Tanrı'nın hoşnutluk duyduğu bir insan olmanız için Rab'bin adıyla dua ediyorum.

Bölüm 2

Müjdeyi Hiç Duymamış Olanların Kurtuluş Yolu

1. Vicdanın Yargısı
2. Kürtaj ve Düşük Nedeniyle Doğmamış Bebekler
3. Beş Yaşına Kadar Olan Çocuklar
4. Altı İle Ergenlik Öncesi Çocuklar
5. Âdem ile Havva Kurtuldu mu?
6. İlk Katil Kayin'e Ne Oldu?

*"Kutsal Yasa'dan yoksun uluslar
Yasa'nın gereklerini kendiliklerinden yaptıkça,
Yasa'dan habersiz olsalar bile kendi yasalarını koymuş
olurlar. Böylelikle Kutsal Yasa'nın gerektirdiklerinin
yüreklerinde yazılı olduğunu gösterirler. Vicdanları buna
tanıklık eder. Düşünceleriyse onları ya suçlar ya da savunur.*
- Romalılar 2:14-15 -

*"Bunun üzerine RAB, "Seni kim öldürürse,
ondan yedi kez öç alınacak" dedi. Kimse bulup öldürmesin
diye Kayin'in üzerine bir nişan koydu."*
- Yaratılış 4:15 -

Tanrı, insanların kurtuluşu için çarmıha gerilen tek ve yegâne Oğlu İsa Mesih'i vererek sevgisini kanıtlamıştır.

Ebeveynler, çocuklarını severler ama çocuklarının kendi yüreklerini anlayacak kadar büyümelerini ve onlarla sevinç ve acıları birlikte paylaşmalarını arzularlar.

Aynı şekilde Tanrı, tüm insanların kurtulmasını ister. Dahası, Baba Tanrı'nın yüreğini yeterince anlayabilecek kadar imanda olgunlaşmalarını ve O'nunla derin bir sevgiyi paylaşmalarını ister. Bu sebeple elçi Pavlus, 1. Timoteos 2:4 ayetinde Tanrı'nın tüm insanların kurtulmasını ve gerçeğin bilgisine ulaşmalarını istediğini yazar.

Tanrı'nın tüm sevgisiyle tüm insanların kurtulmasını ve tamamıyla imanda olgunlaşmasını istediğinden cehennem ve ruhani dünyayı detaylıca gösterdiğini bilmelisiniz.

Bu bölümde İsa Mesih'i bilmeden kurtulmanın mümkün olup olmadığını anlatacağım.

1. Vicdanın Yargısı

Tanrı'ya inanmayan pek çok kişi en azından göksel egemenlik ve cehennemin varlığını onaylar ama sırf onayladıkları için göksel egemenliğe giremezler.

İsa'nın bizlere Yuhanna 14:6'da dediği gibi, *"Yol, gerçek ve yaşam Ben'im. Benim aracılığım olmadan Baba'ya kimse gelemez."* Ancak İsa Mesih'in aracılığıyla kurtulabilir ve göksel egemenliğe girebilirsiniz.

Öyleyse nasıl kurtulabilirsiniz? Elçi Pavlus, Romalılar 10:9-10 ayetlerinde bizlere somut kurtuluşun yolunu gösterir:

> *İsa'nın Rab olduğunu ağzınla açıkça söyler ve Tanrı'nın O'nu ölümden dirilttiğine yürekten iman edersen, kurtulacaksın. Çünkü insan yürekten iman ederek aklanır, imanını ağzıyla açıklayarak kurtulur.*

Farz edelim ki İsa Mesih'i bilmeyen insanlar olsun. Bilmedikleri için ne "İsa, Rab'dir." derler ne de yürekleriyle İsa Mesih'e inanırlar. Öyleyse bu kişilerin kurtulamayacağı doğru mudur?

İsa'nın yeryüzüne gelmesinden çok önce sayısız insan dünyada yaşadı. Hatta Yeni Ahit zamanlarında bile müjdeyi duymadan ölen insanlar oldu. Bu insanlar kurtulabilir mi?

İmanın farkında olacak kadar asla olgunlaşmamış ve yeterince akıllı olamamış bu çok erken zamanlarda ölen insanların kaderi nasıl olacaktır? Peki ya kürtaj ya da düşük yüzünden henüz doğmadan ölen çocuklarımız? İsa Mesih'e inanmamış oldukları için koşulsuz olarak bu insanlar cehenneme gidecekler? Elbette ki hayır!

Sevgi Tanrı'sı, "vicdanın yargılanması" yoluyla herkes için kurtuluş kapılarını açar.

Tanrı'yı arayan ve iyi vicdanlarla yaşayanlar

Romalılar 1:20 şöyle der, *"Tanrı'nın görünmeyen nitelikleri – sonsuz gücü ve Tanrılığı – dünya yaratılalı beri O'nun yaptıklarıyla anlaşılmakta, açıkça görülmektedir. Bu nedenle özürleri yoktur."* Bu nedenle iyi kalpli insanlar, yaratılmış olanları görerek Tanrı'ya inanırlar.

Vaiz 3:11 bizlere Tanrı'nın yüreklerimize sonsuzluk kavramını koyduğunu anlatır. Dolayısıyla iyi insanlar Tanrı'yı doğaya bakarak ararlar ve ölümden sonra ki yaşama belli belirsiz inanırlar. İyi insanlar göklerden korkarlar ve müjdeyi hiç duymamış olsalar bile, iyi ve doğru hayatlar sürmeye çabalarlar. Bu sebeple, belli bir ölçüde tanrıların isteklerine göre yaşarlar. Eğer sadece müjdeyi duymuş olsalardı, kesinlikle Rab'be inanır ve göksel egemenliğe girerlerdi.

Tanrı, bu nedenden dolayı, İsa çarmıhta ölene kadar iyi ruhların göksel egemenliğe alınması için yukarı ölüler diyarında kalmasına izin vermiştir. İsa'nın çarmıha gerilmesinden sonra müjdeyi duymalarına izin vererek İsa'nın kanı yoluyla kurtuluşlarını sağlamıştır.

Yukarı ölüler diyarında müjdeyi duyma

Kutsal Kitap bizlere İsa çarmıhta öldükten sonra yukarı ölüler diyarında müjdeyi duyurduğunu anlatır.

1. Petrus 3:18-19 şöyle der, *"Nitekim Mesih de bizleri Tanrı'ya ulaştırmak amacıyla doğru kişi olarak doğru olmayanlar için günah sunusu olarak ilk ve son kez öldü. Bedence öldürüldü, ama ruhça diriltildi. Ruhta gidip bunları zindanda olan ruhlara da duyurdu."* İsa müjdeyi yukarı ölüler diyarında ki ruhlara duyurdu ki O'nun kanı aracılığıyla kurtulsunlar.

Müjdeyi duyduktan sonra tüm hayatları boyunca duymamış olanlar sonunda İsa Mesih'in kim olduğunu öğrenme fırsatını bulup kurtuldular.

Cehennem

Tanrı, insanları kurtuluşa sevk edecek başka bir ad vermemiştir (Elçilerin İşleri 4:12). Hatta Yeni Ahit zamanı bile müjdeyi duyma fırsatı olmayanlar, vicdanın yargısıyla kurtulmuşlardır. Üç gün müjdeyi duymak için yukarı ölüler diyarında kalır ve sonra göksel egemenliğe girerler.

Kirli vicdan sahipleri asla Tanrı'yı aramazlar ve tutkularına yenik düşerek günah içinde yaşarlar. Müjdeyi duysalar bile inanmazlar. Ölümden sonra cezalandırılmak üzere aşağı ölüler diyarına gönderilecek ve Büyük Beyaz Tahtın Yargısı sonunda cehenneme düşeceklerdir.

Vicdanın yargısı

Bir kişinin diğer bir kişinin vicdanını doğru bir şekilde yargılaması mümkün değildir çünkü bir insan diğer insanların yüreklerini doğru bir şekilde okuyamaz. Ancak kudretli Tanrı, herkesin yüreğini ayırt edebilir ve adil yargılar.

Romalılar 2:14-15, vicdanın yargılamasını açıklar. İyi insanlar neyin iyi ya da neyin kötü olduğunu bilirler çünkü vicdanları onlara yasanın gerekliliklerini bilmesine izin verir.

Kutsal Yasa'dan yoksun uluslar Yasa'nın gereklerini kendiliklerinden yaptıkça, Yasa'dan habersiz olsalar bile kendi yasalarını koymuş lurlar. Böylelikle Kutsal Yasa'nın gerektirdiklerinin yüreklerinde yazılı olduğunu gösterirler.

Böylece iyi insanlar, kötülüğün yolunda gitmezler ama

yaşamlarında hep iyinin yolunu izlerler. Sonuç olarak vicdanın yargısına göre yukarı ölüler diyarında üç gün kalır, bu süre boyunca müjdeyi duyar ve kurtulurlar.

İyi vicdanıyla iyilik içinde yaşayan Admiral Soonshin Lee* örnek olarak verilebilir (*Editor'ün Notu: Admiral Lee, Kore'nin 16. yüzyıl Chosun Hanedanlığının deniz kuvvetlerinde yüksek rütbeli kumandandı). Amiral Lee her ne kadar İsa'yı bilmemiş olsa da gerçek içinde yaşadı. Korumakta olduğu kralına, ülkesine ve halkına her zaman sadıktı. Ebeveynlerine karşı iyi ve bağlıydı, erkek kardeşlerini sevdi. Başkalarının karşısında asla kendi çıkarlarını ön planda tutmadı ve hiçbir zaman şeref, yetki veya zenginlik aramadı. Sadece hizmet etti ve kendini komşuları ve halkı için kurban etti.

Onda tek bir kötülüğün izine rastlayamazsınız. Amiral Lee, hiç şikâyet etmeden sürgüne gitti ve yanlış yere suçlandığında bile düşmanından öç alma eğilimine girmedi. Hatta kralın kendisini sürgüne sürmesi ve savaş alanında dövüşmesini emretmesine rağmen asla homurdanmadı. Aksine tüm yüreğiyle krala teşekkür etti, taburları tekrar düzene koydu ve kendi yaşamı pahasını savaş alanlarında dövüştü. Dahası dizlerinin üzerine çökerek Tanrı'ya dua etmek için zaman yarattı çünkü bir Tanrı'nın varlığına inanıyordu. Hangi sebeplerden dolayı Tanrı onun göksel egemenliğe girmesine izin vermez?

Vicdanın yargısı dışında kalacak olanlar

Müjdeyi duyan ama Tanrı'ya inanmayanlar vicdanın yargısına

tabi tutulacaklar mı?

Sizden duymuş olmalarına rağmen müjdeyi kabul etmeyen aile üyeleriniz, vicdanın yargısına tabi olamayacaklar. Müjdeyi duymak için pek çok fırsatı olmalarına rağmen reddetmişlerse kurtulmamaları adil bir durumdur.

Buna rağmen müjdeyi şevkle duyurmalısınız çünkü eğer insanlar cehenneme gidecek kadar kötülerse kendi çabalarınızla onların kurtuluşa ermeleri için daha fazla fırsat sunmalısınız.

Tanrı'nın her bir çocuğu müjdenin duyurulmasıyla mükelleftir. Eğer müjdeyi ebeveynleriniz, kardeşleriniz ve akrabalarınızda dâhil olmak üzere aile fertlerinize duyurmadıysanız, Tanrı, Yargı Gününde sizleri sorgulayacaktır. "Niçin anne-babalarınıza ve kardeşlerinize İncil'i yaymadınız?" "Çocuklarınıza İncil'i neden öğretmediniz?" "Arkadaşlarınıza neden İncil'i duyurmadınız?"

Bu sebeple, eğer tek ve yegâne Oğlu'nu bir kurban olarak sunan Tanrı'nın sevgisini gerçekten anlıyor ve bizler için çarmıhta ölen Rab'bin sevgisini gerçekten biliyorsak, Müjdeyi her gün insanlara duyurmalıyız.

Çarmıhta, "Susadım!" diye haykıran Rab'bin susuzluğunu söndürmenin ve Rab'bin dökülen kanının bedelini ödemenin en önde gelen yoludur.

2. Kürtaj ve Düşük Nedeniyle Doğmamış Bebekler

Doğmadan düşük yoluyla ölen bebeklerin kaderi nasıl olur? Fiziksel ölümden sonra insan canı ya göksel egemenliğe ya da cehenneme gider çünkü insan ruhu ne kadar küçük olursa olsun yok edilemez.

Gebelikten beş ay sonra ruh verilir

Bir fetüse ruh ne zaman verilir? Gebeliğin altıncı ayına kadar bir fetüse ruh verilmez.

Tıp bilimine göre gebelikten beş ay sonra fetüsün duyma, görme organları gelişir ve gözkapakları oluşur. Beynin işleyişini etkinleştiren beyinsel loplar, gebelikten sonra ki beş ile altı ay sonra meydana gelmeye başlar.

Fetüs altı aylık olduğunda ona ruh verilir ve hemen hemen bir insan şekline bürünür. Ruhsuz bir fetüs hayvandan farkı olmadığından, bir düşük sonrasında ne göksel egemenliğe ne de cehenneme gider.

Vaiz 3:21 şöyle der, *"Kim biliyor insan ruhunun yukarıya çıktığını, hayvan ruhunun aşağıya, yeraltına indiğini?"* Burada "insan ruhu"ndan kasıt, Tanrı'nın verdiği insan ruhu ile birleşen, insanı Tanrı'yı aramaya iten ve Tanrı'nın sözüne itaat etmeye sevk edenken, "hayvan ruhu"ndan kasıt sadece düşünmeye ve eyleme iten sistem olan candır.

Herhangi bir hayvan öldüğünde yok olur çünkü ruhu olmayan, candan ibaret bir canlıdır. Bir gebelikte beş aydan küçük bir fetüsün de ruhu olmaz. Bu sebeple öldüğünde tıpkı bir hayvan gibi yok olup gidecektir.

Kürtaj tıpkı cinayet gibi ağır bir günahtır

O zaman ruhu olmadığı için beş aydan küçük bir fetüsün kürtaj yoluyla alınması günah değil midir? Bir fetüsün kürtajla alınması günahını, ister ruhu verildiğinde ya da verilmediğinde olsun işlememelisiniz ve sadece Tanrı'nın insan hayatını yönettiğini akıllarınızda tutmalısınız.

Mezmurlar 139:15-16 ayetleri şöyle yazar, *"Gizli yerde yaratıldığımda, Yerin derinliklerinde örüldüğümde, Bedenim senden gizli değildi. Henüz döl yatağındayken gözlerin gördü beni; Bana ayrılan günlerin hiçbiri gelmeden, Hepsi senin kitabına yazılmıştı."*

Ana rahminde oluşmanızdan önce sevgi Tanrı'sı sizlerin her birini tanıyordu ve Kitap'ın da yazmak için sizlerle ilgili harika planları ve fikirleri vardı. Bu sebeple Tanrı'nın yarattığı basit bir canlı olan insan, bir fetüsün hayatını beş aydan küçük olsa bile kontrol edemez

Bir fetüsü kürtaj yoluyla almak, bir cinayet işlemekle aynı kefededir çünkü yaşamı, ölümü, kutsamayı ve laneti yöneten Tanrı'nın otoritesini ihlal etmiş olursunuz. Dahası, kendi oğlunuzu ya da kızınızı öldürürken bunun önemsiz bir günah olduğunu söylemeye nasıl cesaret edebilirsiniz?

Günahın cezası ve takip eden sınamalar

Her ne koşulda ve güçlük içinde olursanız olun asla Tanrı'nın insan üzerinde ki egemenliğini çiğnememelisiniz. Dahası, zevkin peşi sıra gitmek için kendi çocuğunuzu kürtajla aldırmanız uygun olmaz. Ne ektiyseniz onu biçtiğinizi kavrayacak ve yaptığınız şeyin bedelini ödeyeceksiniz.

Altı ay ve üzerinde ki bir gebeliği kürtajla sonlandırmak çok daha ciddidir. Bir yetişkini öldürmekle aynı şeydir çünkü o bebeğe çoktan bir ruh verilmiştir.

Kürtaj, sizinle Tanrı arasında büyük bir günah duvarı örer. Bu sebeple, çeşitli sınama ve sıkıntıların yüklediği acılar çekersiniz. Eğer günah sorununu çözmediyseniz, günah duvarı nedeniyle yavaş yavaş Tanrı'ya yabancılaşır ve belki de dönüşü olmayacak bir şekilde çok uzaklaşırsınız.

Fetüsü öldürmek bir cinayet olduğundan bu günah işleniyorsa Tanrı'ya inanmayanlar bile cezalandırılacak ve her türlü sınama ve sıkıntılar onların üzerlerine gelecektir. Sınama ve sıkıntılar her zaman onlara eşlik edecektir çünkü eğer bu günah duvarını yıkmazlarsa Tanrı, bu kişileri korumaz ve yüzünü onlardan çevirir.

Tamamıyla günahlarınızdan tövbe edin ve günah duvarını yıkın

Tanrı, emirlerini insanları mahkûm etmek için değil ama istek ve iradesini ifşa etmek, insanları tövbe yoluna taşımak ve kurtarmak için verdi.

Tanrı sizlerden ayrıca kürtajla ilgili şeyleri anlamınıza müsaade eder ki bu günahı işlemeyesiniz ve geçmişte işlemiş olduğunuz günahlardan tövbe ederek günah duvarını yıkasınız.

Geçmişte kürtaj yaptırdıysanız, tamamıyla tövbe ettiğinizden ve barış sunusu vererek günah duvarını yıktığınızdan emin olun.

Bundan sonra sınama ve sıkıntılar kaybolacak çünkü Tanrı artık sizlerin günahlarını hatırlamayacak.

Çocuğunuzu kürtajla aldırdığınızda günahın ağırlığı olaydan olaya değişiklik gösterir. Örneğin, bir tecavüz ertesinde kürtaj yaptırdıysanız, günahınız nispeten daha azdır. Eğer evli bir çift, istenmeyen çocuklarını aldırırsa, günahları daha ağırdır.

Çeşitli sebeplerden dolayı bir çocuk istemiyorsanız, rahminizde ki bebek için Tanrı'ya dua etmelisiniz. Böyle bir durumda eğer Tanrı sizin duanızı yerine getirmezse o bebeği doğurmalısınız.

Kürtajla alınan çocukların çoğunluğu kurtulur ama istisnalarda vardır

Her ne kadar bir ruh verilmiş olsa da, gebelikten altı ay sonra bir fetüs mantıklı düşünemez, anlayamaz ve kendi iradesiyle bir şeye inanamaz. Bu sebeple Tanrı, imanlarına ve anne-babalarının imanlarına bakmaksızın böylesi bir zaman da ölen fetüslerin çoğunu kurtarır.

Yalnız dikkat edin "hepsi" demedim, "çoğunluğu" dedim çünkü nadir durumlarda bir fetüs kurtulamayabilir.

Eğer anne-baba veya ataları Tanrı'ya karşı gelmiş ve kötülük üzerine kötülük inşa etmişlerse, gebelik durumunun meydana geldiği andan itibaren bir fetüs bu kötü doğayı kalıtım yoluyla miras alır. Böyle bir durumda fetüs kurtulamaz.

Örneğin, Kore tarihinin Hee-bin Jang* (Editörün Notu: 17. yüzyıl sonlarında Kral Sook-Jong'un cariyesi olan Jang, kıskançlıkla kraliçeye lanet etmişti) gibi, başka insanlarının kötülüğünü isteyen ve onlara lanet eden kötü anne-babaların ya da bir büyücünün çocuğu olabilir. Aşırı kıskançlık sonucu rakibesinin bir portresini oklarla delerek lanet etmişti. Böylesi kötü anne-babaların çocukları kurtulamaz çünkü ebeveynlerinin kötü doğalarını kalıtım yoluyla miras alırlar.

Ayrıca inananlar olduklarını iddia edenler arasında aşırı derecede kötü olan insanlar da vardır. Bu tür insanlar, Kutsal Ruh'a karşı gelir, yanlış hükümler verir, suçlar ve O'nun işlerine engel olurlar. Kıskançlık neticesinde de Tanrı'nın adına övgüler sunanları öldürmeye çalışırlar. Eğer böyle ebeveynlerin çocukları düşük yaptıysa bu bebekler kurtulamaz.

Böylesi nadir durumların dışında doğmayan çocukların pek çoğu kurtulurlar. Ancak yeryüzünde yetiştirilmedikleri için, değil cennet, göksel egemenliğin diğer katlarına bile giremezler. Büyük Beyaz Tahtın Yargısından sonra bile yukarı ölüler diyarında kalırlar.

Kurtulan doğmamış bebekler için sonsuz mekân

Gebeliğin altıncı veya daha yukarısında kürtajla alınıp yukarı ölüler diyarına giden fetüsler, yeryüzünde yetiştirilmedikleri için tıpkı boş bir sayfa gibidirler. Bu yüzden orada kalırlar ve diriliş zamanında canları için uygun bedenler verilir.

Diğer kurtulan insanların sahip olduğu ruhani ve ebedi bedenlerin aksine, onlar değişecek ve gelişecek bedenlere sahip olurlar. Bu sebeple, önceleri bir çocuğun şeklinde olsalar da belli bir süre sonra gelişirler.

Büyüdükten sonra bile bu çocuklar, ruhlarını gerçeğin bilgisiyle doldurarak yukarı ölüler diyarında kalırlar. Âdem'in Cennet bahçesinde ki ilk halini ve öğrenim sürecini düşürseniz bunu kolayca anlayabilirsiniz.

Âdem, yaşayan bir varlık olarak yaratıldığında, ruh, can ve bedenden meydana gelmişti. Ancak bedeni, ruhani ve dirilmiş bedenden farklıydı ve canı tıpkı yeni doğmuş bir bebek gibi cahildi. Bu sebeple Tanrı'nın Kendisi Âdem'e ruhani bilgiyi vermiş ve uzunca bir süre onunla birlikte yürümüştü.

Cennet Bahçesinde içinde hiçbir kötülük olmadan yaratıldığını bilmelisiniz ama yukarı ölüler diyarında ki canlar Âdem'in ki gibi iyi değillerdi çünkü nesiller boyu insanın yetiştirilmesini tecrübe eden ebeveynlerinden zaten günahkâr doğayı kalıtım yoluyla miras almışlardı.

Âdem'in Cennet Bahçesinden kovuluşundan sonra tüm torunları ebeveynlerinden ilk günahı kalıtım yoluyla aldılar.

3. Beş Yaşına Kadar Olan Çocuklar

İyiyi kötüden ayıramayan ve imanı henüz bilmeyen beş yaşına kadar olan çocuklar nasıl kurtulur? Bu yaşta ki çocukların kurtuluşu, ebeveynlerinin imanına, özellikle annelerinin imanlarına bağlıdır.

Eğer bir çocuğun anne-babasının kurtuluşa götürecek imanı varsa ve çocuklarını imanla yetiştirirlerse o çocuk kurtuluşa nail olabilir (1. Korintliler 7:14). Ancak bir çocuğun ebeveynlerinin imanı olmadığı için koşulsuz kurtulamayacağı doğru değildir.

Burada Tanrı'nın sevgisini yine tecrübe edebilirsiniz. Yaratılış 25 bizlere anne karnında iki kardeşin yaptığı çarpışmadan Tanrı'nın gelecekte Yakup'un Esav'dan daha büyük bir kişi olacağını önceden bildiğini gösterir. Her şeyi Bilen ve Gören Tanrı, beş yaşına girmeden ölen tüm çocukları vicdanın yargılanmasına göre kurtuluş yoluna taşır. Bu mümkündür çünkü Tanrı, bu çocuklar uzun yıllar yaşayıp müjdeyi duysalardı Rab'be iman edip etmeyeceklerini bilir.

Ancak hiçbir imanları olmayan ve vicdanın yargısını geçemeyen ebeveynlerin çocukları, cehenneme ait olan aşağı ölüler diyarına kaçınılmaz olarak düşer ve orada azap çekerler.

Vicdanın yargısı ve çocukların ebeveynlerinin imanları

Çocukların kurtuluşu bu şekilde büyük çapta anne ve babalarının imanlarına bağlıdır. Bu yüzden anne ve babalar, çocukları cehenneme girmesin diye Tanrı'nın isteğine göre onları yetiştirmelidir.

Uzun zaman önce çocukları olmayan bir çift, yemin verdikleri bir dua ile çocuk sahibi oldular. Ancak çocuk, bir trafik kazasında erken yaşta öldü.

Onların çocuklarının ölümünün nedenini dua da bulamadım. Nedeni ebeveynlerinin imanında soğukluk ve Tanrı'dan uzaklaşmış olmasıydı. Çocuk, kiliseye bağlı çocuk yuvasına gönderilmemişti çünkü anne-baba dünyevi hayata teslim olmuştu. Bu sebeple, çocuk, ilahiler söylemek yerine laik şarkılar söylüyordu.

Çocuk, kurtuluşa nail olacak imana sahipti ama ebeveynlerinin etkisi altında büyümek zorunda kalsaydı kurtulamayacaktı. Bu durumda Tanrı, bir trafik kazası vesilesiyle çocuğu ebedi yaşama çağırdı ve anne-babasına tövbe etme fırsatı tanıdı. Eğer bu anne-baba, çocukları feci bir şekilde ölmeden önce tövbe etmiş ve Tanrı'ya dönmüş olsalardı, Tanrı böyle bir tedbir almazdı.

Çocukların ruhani gelişimi için anne-babaların sorumluluğu

Anne-babaların imanlarının, çocuklarının kurtuluşu üzerinde doğrudan etkisi vardır. Çocukların imanı, ebeveynler sadece Pazar okullarına gönderip onların ruhani gelişimiyle ilgilenmez ise gelişemez.

Anne-babalar her zaman çocukları için dua etmeli, her zaman gerçek bir ruh ve yürekle ibadet edip etmediklerini gözlemeli ve kendilerini iyi örnekler kılarak evde duanın olduğu bir hayata onları taşımalıdırlar.

Tüm anne-babalara imanlarında uyanık olmaya ve sevgili çocuklarını Rab'de yetiştirmeye teşvik ediyorum. Ailenizin göksel egemenlikte sonsuz bir hayatın keyfine varabilmesi için hayırduası ediyorum.

4. Altı İle Ergenlik Öncesi Çocuklar

Altı yaşından ergenlik çağı öncesi – on iki yaşına kadar- çocuklar nasıl kurtulabilir?

Bu çocuklar, belli bir ölçüye kadar müjdeyi anlayabilir ve

ayrıca kendi irade ve düşünceleriyle neye inanacaklarına karar verebilirler.

Burada sözü geçen çocukların yaşı her bir çocuğun durumuna göre farklılık gösterebilir çünkü her çocuk, farklı bir hızda büyür, gelişir ve olgunlaşır. Ancak bu yaşlarda ki en önemli faktör, çocukların kendi irade ve düşünceleriyle Tanrı'ya inanabilmesidir.

Ebeveynlerin imanlarına bakılmaksızın kendi imanlarıyla

Altı ile on iki yaşları arasında ki çocukların iman seçimi konusunda iyi bir algılaması vardır. Bu sebeple anne-babalarının imanlarına bakılmaksızın kendi imanlarıyla kurtulabilirler.

Dolayısıyla kendinizin güçlü bir imanı varsa ama çocuklarınızı imanda yetiştirmiyorsanız cehenneme gidebilirler. Anne-babaları inanmayan çocuklar vardır. Böyle durumlarda çocukların kurtuluşa nail olması çok daha zordur.

Çocukların kurtuluşunu ergenlik çağı öncesi ve sonrası diye ayırmamın sebebi, Tanrı'nın bol ve taşan sevgisi yüzünden vicdanın yargısının küçük yaşta ki çocuklara uygulanabilir olmasındandır.

Tanrı, bu çocukların tamamıyla kendi istek ve düşünceleriyle karar veremeyecek durumda olmalarından ve hala anne-babalarının tesiri altında kaldıklarından bu çocuklara bir fırsat daha tanıyabilir.

İyi çocuklar, müjdeyi duyduklarında Rab'bi kabullenir ve Kutsal Ruh'u alırlar. Putlara tapan ebeveynlerinin ağır zulümleri yüzünden ileri ki yaşlarında ayrıca kiliseye giderler. Anne-babalarının maksatları her ne olursa olsun kendi iradeleriyle doğru ile yanlış arasında bir seçimi erken ergenlik dönemlerinde yapabilirler. Ebeveynlerinin zulümleri ne kadar şiddetli olursa olsun eğer Tanrı'ya gerçekten inanıyorlarsa imanlarını muhafaza edebilirler.

Eğer uzun yaşamış olsaydı çok güçlü bir imana sahip olacak bir çocuğun erken yaşta öldüğünü farz edin. Öyleyse bu çocuğa ne olur? Tanrı, bu çocuğu vicdanın yargısı yasasıyla kurtuluşa taşır çünkü çocuğun yüreğinin derinliklerini bilir.

Ancak eğer bir çocuk Rab'bi kabul etmiyor ve vicdanın yargısını geçemiyorsa hiçbir fırsata sahip olamaz ve kaçınılmaz olarak cehenneme gider. Dahası, ergenlik çağı ve üzerinde ki insanların kurtuluşunun kendi imanlarına bağlıdır.

Kötü çevrelerde doğan çocuklar

Hiçbir mantıksal ve sağlam kararlar alamayan basit bir çocuğun kurtuluşu, daha çok anne-babasının ve atalarının ruhlarına (doğaları, enerjileri veya hükümlerine) bağlıdır.

Bir çocuk, atalarının kötülükleri ya da putperestliği yüzünden akıl hastalığıyla doğabilir ya da erken yaşlarda cinlerin etkisine girebilir. Bunun nedeni yeni gelen nesillerin, anne-babaları ve atalarının etkisinde olmalarıdır.

Bununla ilgili Yasa'nın Tekrarı 5:9-10 bizleri şöyle uyarır:

> *Putların önünde eğilmeyecek, onlara tapmayacaksın.*
> *Çünkü ben, Tanrın RAB, kıskanç bir Tanrı'yım.*

Benden nefret edenin babasının işlediği suçun hesabını çocuklarından, üçüncü, dördüncü kuşaklardan sorarım. Ama beni seven, buyruklarıma uyan binlerce kuşağa sevgi gösteririm.

1. Korintliler 7:14 ayrıca şu gözlemde bulunur *"Çünkü iman etmemiş koca karısı aracılığıyla, iman etmemiş kadın da imanlı kocası aracılığıyla kutsanır. Yoksa çocuklarınız murdar olurdu. Ama şimdi kutsaldırlar."*

Aynı şekilde eğer ebeveynler iman içinde yaşamıyorlarsa çocukların kurtulması çok zordur.

Tanrı sevgi olduğundan, kötü doğalı anne-baba ve atalardan doğup ta Adını çağıranlara sırtını dönmez. Tövbeyle dolu her zaman Tanrı'nın Sözüne göre yaşamaya çabaladıklarından ve O'nun adını yılmadan çağırarak ettikleri duaların karşılığını Tanrı verdiğinden, bu çocuklar kurtuluşa taşınabilir.

İbraniler 11:6 bize şöyle der, *"İman olmadan Tanrı'yı hoşnut etmek olanaksızdır. Tanrı'ya yaklaşan, O'nun var olduğuna ve kendisini arayanları ödüllendireceğine iman etmelidir"* İnsanlar kötü bir doğayla doğmuş olsalar bile, iyi eylemlerle Tanrı'yı hoşnut ettiklerinde ve imanda kendilerini kurban verdiklerinde Tanrı onların kötü doğalarını iyi olarak değiştirir.

Kendi başlarına Tanrı'yı arayamayanlar

Bazı insanlar Tanrı'yı imanda arayamazlar çünkü ya akıl sağlıkları bozuktur ya da cinlerin etkisi altındadırlar. Öyleyse bu kişiler ne yapmalıdırlar?

Böyle bir durumda bu kişilerin anne-babaları veya aile fertleri, Tanrı'nın önünde bu kişilerin yerine yeterli büyüklükte iman sergilemelidirler. Böylece sevgi Tanrı'sı iman ve içtenliği görerek kurtuluş yolunu açacaktır.

Kurtuluşu alma fırsatına erişemeden ölen çocukların kaderlerinden anne-babaları kabahatlidir. Bu sebeple, imanda yaşamanın sadece ebeveynler için değil ama onların çocukları içinde çok önemli olduğunu anlamanız konusunda sizi uyarıyorum.

Ayrıca bir cana tüm dünyadan çok daha fazla önem veren Tanrı'nın yüreğini de anlamalısınız. Sadece kendi çocuklarınız için değil ama imanda komşularınız ve akrabalarınızın çocuklarına karşı da bolca sevgi taşımanız hususunda sizi teşvik ediyorum.

5. Âdem ile Havva Kurtuldu mu?

Âdem ile Havva, itaatsizlik edip iyilik ve kötülüğün bilgisini taşıyan ağacın meyvesinden yedikten sonra dünyaya atıldı ve asla müjdeyi duymadılar. Peki, kurtuldular mı? İlk insan Âdem ile Havva'nın kurtuluşa nail olup olmadıklarını anlatayım.

Âdem ile Havva Tanrı'ya itaatsizlik ettiler

Başlangıçta Tanrı, ilk insan Âdem ve Havva'yı kendi suretinde yarattı ve onları çok sevdi. Onların bollukla dolu yaşamları için her şeyi önceden hazırladı ve onları Cennet Bahçesine yerleştirdi.

Orada hiç bir şeyden mahrum yaşamadılar.

Dahası, Tanrı, Âdem'e evrende ki her şeyi yönetme yetki ve gücünü verdi. Âdem, yeryüzünde ki, gökyüzünde ki ve suyun altında ki tüm canlıları yönetti. Düşman şeytan ve iblis bahçeye girmeye cesaret edemiyorlardı çünkü orası Âdem'in liderliğinde korunuyor ve gözetiliyordu.

Tanrı onlarla yürüyerek, tıpkı bir babanın sevgili çocuklarına A'dan Z'ye her şeyi öğretmesi gibi onlara ruhani eğitim verdi. Âdem ile Havva hiç bir şeyden yoksun değillerdi ama hilekâr yılan tarafından akılları çelindi ve yasak meyveyi yediler.

Tanrı'nın kesinlikle öleceklerine dair Sözüne uygun olarak ölümü tatma noktasına geldiler (Yaratılış 2:17). Diğer bir deyişle, yaşayan ruhlar olmalarına rağmen ruhları öldü Bunun bir sonucu olarak güzelim cennet Bahçesinden kovulup dünyaya atıldılar. İnsanın yetiştirilmesi bu lanetli topraklarda başladı ve bu toprakların üzerinde ki her şey aynı anda lanetlendi.

Âdem ile Havva kurtuldu mu? Bazı insanlar, her şeyin lanetlenmesi ve torunlarının da onların itaatsizliği sebebiyle acı çekmesi yüzünden kurtuluşa ermediklerini düşünebilir. Bununla birlikte sevgi Tanrı'sı onlar için bile kurtuluş kapısını açık bırakmıştır.

Âdem ile Havva'nın kapsamlı tövbesi

Her ne kadar karanlık ve kötü dünyada yaşarken gerek gerçek günahlar, gerekse ilk günahla lekelenmiş olsanız da Tanrı, tüm yüreğinizle tövbe ettiğiniz ve O'na döndüğünüz sürece sizi bağışlar. Katil olmuş olsanız bile eğer yüreğinizin derinliklerinde tövbe ediyor ve O'na dönüyorsanız, sizi bağışlar.

Bu günün insanları ile bir mukayese yaptığınızda Âdem ile Havva'nın gerçekten saf ve iyi yürekleri olduğunu anlarsınız. Ayrıca Tanrı'nın bizzat Kendisi uzunca bir süre onlara içten sevgisiyle öğretmiştir. Yüreklerinin derinliklerinden bir kere tövbe etmişlerse nasıl bağışlamadan Tanrı onları cehenneme gönderebilir?

Âdem ile Havva, yeryüzünde yetiştirilirken çok sıkıntı çektiler. Cennet Bahçesi'nde huzur içinde yaşıyor ve istedikleri vakit istedikleri meyveyi yiyorlardı. Şimdi ise çalışmadan ve alınteri dökmeden yiyemiyorlardı. Havva, büyük acılarla doğum yapmak zorunda kalmıştı. Günahlarından dolayı büyük acılar çektiler ve çok gözyaşları döktüler. Âdem ve Havva, bir oğullarının diğer oğullarını öldürmesine tanık oldular.

Yeryüzünde böylesine ıstırap çekerken Tanrı'nın koruması ve sevgisi altında yaşadıkları Cennet Bahçesi'ni ne kadar da özlemiş olmalılar? Bahçe'de yaşadıklarında mutluluklarının farkına varamamış ve Tanrı'ya şükranlarını sunamamışlardı çünkü yaşamlarını, sahip oldukları bolluğu ve Tanrı'nın sevgisini sorgusuz doğal karşılamışlardı.

Ancak şimdi o zamanlar ne kadar mutlu yaşadıklarını anlayabiliyor ve onlara vermiş olduğu bol sevgisi için Tanrı'ya şükranlarını sunuyorlardı. Sonunda geçmişin tüm günahlarından tamamıyla tövbe ettiler.

Tanrı, onlar için kurtuluş yolunu açtı

Günahın ücreti ölümdür ama adalet ve sevgiyle yöneten

Tanrı, tamamıyla tövbe edildiği sürece bağışlar.

Sevgi Tanrı'sı, Âdem ile Havva'nın tövbesini kabul ettikten sonra göksel egemenliğe girmelerine izin verdi. Ancak güçbelâ kurtularak cennette yaşamak zorunda kaldılar çünkü Tanrı adildir. Günahları – Tanrı'nın yüce sevgisine sırt çevirme – sıradan bir günah değildi. Âdem ve Havva, itaatsizlikleri yüzünden torunlarının acı çekmesinden, ölümlerinden ve insanın yetiştirilmesinin zorunlu kılınmasından sorumlu olmuşlardır.

Her ne kadar Tanrı'nın takdiri ilahisi Âdem ile Havva'nın iyilik ve kötülüğün bilgisini taşıyan ağaçtan yemesine izin verdiyse de, bu itaatsizlik sayısız insana acı ve ölüm getirmiştir. Bu sebeple Âdem ile Havva, göksel egemenlikte cennetten daha iyi bir yere girememiş ve dolayısıyla da görkemli hiçbir ödül alamamışlardır.

Tanrı, sevgi ve adaletle çalışır

Elçi Pavlus'a bakarak Tanrı'nın sevgi ve adaletini düşünelim.

Elçi Pavlus, İsa'ya inananlara zulüm edenlerin lideri konumundaydı ve İsa'yı gerçek anlamda tanımadığı zamanlar bu kişileri zindanlara atıyordu. İstefanos Rab'bi bizzat görerek şehit olduğunda, Pavlus onun taşlanmasını seyretti ve bunu doğru buldu.

Ancak Şam yolunda Rab ile tanıştı ve O'na iman etti. O vakit Rab, ona Yahudi olmayanların bir elçisi olacağını ve çok büyük acılar çekeceğini söyledi. O andan itibaren elçi Pavlus tamamıyla tövbe etti ve Rab için tüm hayatını feda etti.

Yeni Yeruşalim'e girebildi çünkü çektiği tüm acılara rağmen vazifesini sevinçle yerine getirdi ve Rab için yaşamından vazgeçecek kadar sadıktı.

Yeryüzünde ne ekerseniz onu biçmeniz bir doğa yasasıdır. Ruhani dünyada da durum aynıdır. Eğer iyilik ektiyseniz iyilik alırsınız ve kötülük ektiyseniz karşılığınız kötülük olur.

Pavlus'un durumunda da görebildiğiniz gibi yüreğinizi korumalı, uyanık kalmalısınız ve tüm samimiyetinizle tövbe ederek geçmişte yaptığınız kötülüklerden bağışlansanız bile bu kötü eylemler için sınamaların sizi izleyeceğini aklınızda tutmalısınız.

6. İlk Katil Kayin'e Ne Oldu?

Müjdeyi duymadan ölen ilk katil Kayin'e ne oldu? Şimdi vicdanın yargısına göre kurtulup kurtulmadığını inceleyelim.

Kayin ve Habil kardeşlerin Tanrı'ya sunuları

Âdem ile Havva, Cennet Bahçesinden kovulduktan sonra çocukları oldu. Kayin, ilk oğulları ve Habil ise onun küçük erkek kardeşiydi. Büyüdükleri zaman Tanrı'ya sunularını sundular. Kayin, Tanrı'ya toprağın verdiği meyvelerden getirdi ama Habil, sürüsünden ilk doğan hayvanın yağlarını Tanrı'ya sundu.

Tanrı, Habil'in sunusunu kabul etti ama Kayin'in sunusunu reddetti. Peki, öyleyse Tanrı niçin Habil'in sunusunu kabul etmiştir?

Tanrı'ya Tanrı'nın isteğine aykırı olan bir sunu vermemelisiniz. Ruhani dünyanın yasasına göre Tanrı'ya günahları bağışlatan kurban kanıyla ibadet etmelisiniz. Bu sebeple Eski Ahit zamanı insanlar öküz ve koyun kurban vererek Tanrı'ya ibadet etmişlerdir. Yeni Ahit zamanı ise Tanrı'nın Kuzusu İsa, Kanını dökerek günahların kefaretini ödeyen bir kurban olmuştur.

Tanrı, O'na kurban kanıyla ibadet ettiğiniz zaman ki bu ancak O'na ruhta ibadet ettiğiniz zamandır, sizi hoşnutlukla kabul eder, dualarınıza karşılık verir ve sizi kutsar. Ruhani kurban, Tanrı'ya ruhta ve gerçekte dua etmek demektir. Ayinler esnasında uyuklar gibi durur ve mesajı boş boş dinlerseniz, Tanrı ibadetinizi hoşnutlukla almaz.

Tanrı sadece Habil'i ve Habil'in sunusunu beğendi

Doğal olarak Âdem ile Havva kurban sunusuyla ilgili ruhani yasayı çok iyi biliyorlardı çünkü Tanrı uzunca bir zaman onlarla Cennet Bahçesinde yürüyerek yasayı öğretmişti. Elbette ki onlarda Tanrı'ya uygun sunuları nasıl vermeleri gerektiği konusunu çocuklarına kesinlikle öğretmiş olmalıydılar.

Habil, anne-babasının öğretilerine itaat ederek kurban kanı sunusuyla Tanrı'ya ibadet ederken, Kayin hiçbir kurban sunu getirmemiş ama kendi muhakemesine dayanarak toprağın verdiği birkaç meyveyi getirmişti.

Bununla ilgili İbraniler 11:4 şöyle der, *"Habil'in Tanrı'ya Kayin'den daha iyi bir kurban sunması iman sayesinde oldu. İmanı sayesinde doğru biri olarak Tanrı'nın beğenisini kazandı. Çünkü Tanrı onun sunduğu adakları kabul etti.*

Nitekim Habil ölmüş olduğu halde, iman sayesinde hâlâ konuşmaktadır."

Tanrı, Habil'in sunusunu kabul etti çünkü Habil, imanla Tanrı'nın isteğine itaat ederek ruhani ibadetini gerçekleştirmişti. Ama Tanrı, Kayin'in sunusunu kabul etmedi çünkü Kayin, ruhta Tanrı'ya ibadet etmedi ama kendi yöntem ve usullerine göre ibadetini yaptı.

Kıskançlıkla Kayin Habil'i öldürdü

Tanrı'nın kendi sunusunu reddedip sadece erkek kardeşinin sunusunu kabul ettiğini gören Kayin çok öfkelendi ve yüzü asıldı. Sonunda Habil'e saldırıp onu öldürdü.

Yeryüzünde insanın yetiştirilmesinden sonra ki ilk kuşakta itaatsizlik kıskançlığa, kıskançlık açgözlülüğe ve nefrete gebe kaldı ve nefret ise cinayeti doğurdu. Bu ne kadar korkunç bir şeydir?

İnsanların bir kere yüreklerinde günaha izin vermesiyle günahın nasıl bir hızla yüreklere bulaştığını görebilirsiniz. Bu sebeple önemsiz bir günahın bile yüreğinize girmesine izin vermemeli ve onu hemen söküp atmalısınız.

İlk katil Kayin'e ne oldu? Bazı insanlar Kayin'in asla kurtulmadığını savunurlar çünkü o, doğru olan kardeşi Habil'i öldürmüştür.

Kayin, anne-babası sayesinde Tanrı'nın kim olduğunu biliyordu. Bu günün insanlarıyla mukayese edilecek olurlarsa Kayin'in zamanında ki insanlar ebeveynlerinden nispeten daha az günahı kalıtım yoluyla alıyorlardı. Her ne kadar kıskançlık sonucu erkek kardeşini öldürmüş olsa da, Kayin ayrıca vicdanında temizdi. Bu yüzden cinayet işlemiş dahi olsa Kayin Tanrı'nın cezalandırmasıyla tövbe etmiş ve Tanrı'da ona merhamet etmiştir.

Kayin tam bir tövbeyle kurtuldu

Yaratılış 4:13-15'de Kayin, Tanrı'ya cezasının kaldıramayacağı kadar ağır olduğunu söyledi ve lanetlenip yeryüzünde aylak aylak dolaştığı için Tanrı'dan merhamet diledi. Tanrı ise ona *"Bu yüzden Kayin'i öldürenden yedi kez öç alınacak."* cevabını verdi ve kimse Kayin'i öldürmesin diye üzerine bir işaret koydu.

Burada Kayin'in kardeşini öldürdükten sonra nasıl bütünüyle tövbe ettiğini idrak etmelisiniz. Ancak bundan sonra Tanrı ile iletişim kurabilme yolu açılmış ve Tanrı'nın bağışlama işareti üzerine konmuştu. Eğer Kayin, kaybedilmiş vaka olup akıbeti cehennemde sonlanacak olsaydı Tanrı niçin Kayin'in isteğini duyup üzerine bir işaret koydu?

Kayin, kardeşini öldürdüğü için yeryüzünde aylak ayakla dolaşma cezasına çarptırılmıştı ama sonunda günahından tövbe ederek kurtuluş yolu açıldı. Ancak Âdem'in durumunda olduğu gibi Kayin'de güçbelâ kurtulmuş ve cennetin – merkezi bile değil – dış yakalarına gitmiştir.

Adaletin Tanrı'sı, tövbe etmiş olmasına rağmen Kayin'in göksel egemenlikte cennetten daha iyi bir yere girmesine izin veremezdi. Hatta Kayin çok daha temiz ve daha az günahkâr bir devirde yaşamış olsaydı bile kendi öz kardeşini öldürebilecek kadar hala kötüydü.

Eğer Kayin kötü yüreğini iyi yüreğe dönüştürecek şekilde terbiye etse, tüm yüreğiyle ve tüm gücüyle Tanrı'yı hoşnut etmek için çaba gösterseydi, cennette iyi bir yere girebilirdi. Ancak Kayin'in vicdanı bu kadar iyi ve saf değildi.

Tanrı kötü insanları niçin hemen cezalandırmıyor?

İmanla dolu bir yaşam sürerken pek çok soruyla dolu olabilirsiniz. Bazı insanlar kötüdür ama Tanrı onları cezalandırmaz. Bazıları kötülüklerinden dolayı hastalıklardan çeker veya ölürler. Bazıları ise Tanrı'ya çok sadık olmalarına rağmen genç yaşlarında ölürler.

Örneğin Kral Saul, Tanrı'nın Davut'u mesh ettiğini bilmesine rağmen Davut'u öldürmeyi deneyecek kadar yüreği kötü bir insandı. Ama buna rağmen Tanrı, Kral Saul'u cezalandırmadı. Bunun neticesinde Saul, Davut'a daha da zulmetti.

Bu, Tanrı'nın takdiri ilahisinin bir örneğiydi. Tanrı, Davut'u büyük bir kap haline dönüştürmek için eğitmeyi istedi ve sonunda kötü Saul'un aracılığıyla onu kral yaptı. Tanrı'nın Davut'u disiplin edişi sonlandığında Kral Saul'un ölmesinin nedeni budur.

Aynı şekilde her bireyin durumuna bağlı olarak Tanrı ya hemen insanları cezalandırır ya da cezalandırılmadan yaşamalarına müsaade eder. Her şeyde Tanrı'nın takdiri ilahisi ve sevgisi vardır.

Göksel egemenlikte çok daha iyi bir yer için özlem duymalısınız

Yuhanna 11:25-26'da İsa şöyle der, *"Diriliş ve yaşam Ben'im. Bana iman eden kişi ölse de yaşayacaktır Yaşayan ve bana iman eden asla ölmeyecek. Buna iman ediyor musun?"* Müjdeyi kabul ederek kurtuluşa sahip olanlar kesinlikle dirilecek, göksel bedenlere sahip olacak ve göksel egemenlikte ebedi görkemin tadına varacaklardır. Rab, göksel egemenlikten indiğinde yeryüzünde hala canlı olanlar bulutlar içinde Rab ile buluşmak için alınacaklardır. Tanrı'nın suretini ne kadar çok yansıtırsanız göksel egemenlikte o kadar iyi bir yer edineceksiniz. Bununla ilgili İsa, Matta 11:12'de şöyle der, *"Vaftizci Yahya'nın ortaya çıktığı günden bu yana Göklerin Egemenliği zorlanıyor, zorlu kişiler onu ele geçirmeye çalışıyor."* İsa, Matta 16:27'de başka bir vaat daha verir, *"İnsanoğlu, Babası'nın görkemi içinde melekleriyle gelecek ve herkese, yaptığının karşılığını verecektir."* 1. Korintliler 15:41 ayrıca şöyle yazar, *"Güneşin görkemi başka, ayın görkemi başka, yıldızların görkemi başkadır. Görkem bakımından yıldız yıldızdan farklıdır."*

Göksel egemenlikte çok daha iyi bir yer için özlem duymadan duramazsınız. Tanrı'nın tahtının bulunduğu Yeni Yeruşalim'e girebilmek için çok daha kutsal olmaya ve Tanrı'nın evinin her yerinde daha sadık olmaya çabalamalısınız. Tıpkı hasat zamanı çiftçisi gibi, Tanrı, yeryüzünde insanın yetiştirilmesi yoluyla olabildiğince çok insanın göksel egemenlikte iyi yerlere girmesini ister.

Göksel egemenliğe girebilmek için ruhani dünyayı çok iyi bilmek zorundasınız

Her ne kadar vicdanın yargısı yoluyla kurtulmuş olsalar da, Tanrı'yı ve İsa Mesih'i bilmeyenlerin Yeni Yeruşalim'e girmeleri çok zordur. İnsanın yetiştirilmesinin takdiri ilahisini, Tanrı'nın yüreğini ve müjdeyi duymalarına rağmen ruhani dünyayı bilmeyen insanlar vardır. Bu sebeple, ne göksel egemenliği zorlayan insanları bilirler ne de Yeni Yeruşalim için umut beslerler.

Tanrı bize şöyle der, *"Ölüm pahasına da olsa sadık kal, sana yaşam tacını vereceğim"* (Vahiy 2:10). Tanrı, ektiklerinize göre sizi göksel egemenlikte bolca kutsar. Ödül çok kıymetlidir çünkü sonsuza dek sürer ve ebedi görkem içinde kalır.

Bunu aklınızda tuttuğunuz zaman, tıpkı İncil'de ki beş kız gibi kendinizi Rab'bin güzel bir gelini olarak hazırlayabilir ve ruhu bütünüyle gerçekleştirebilirsiniz.

1. Selanikliler 5:23 şöyle der, *"Esenlik kaynağı olan Tanrı'nın kendisi sizi tümüyle kutsal kılsın. Ruhunuz, canınız ve bedeniniz Rabbimiz İsa Mesih'in gelişinde eksiksiz ve kusursuz olmak üzere korunsun."*

Bu sebeple, Rab İsa Mesih dönmeden veya Tanrı canınızı çağırmadan önce ruhu bütünüyle başarmak için Rab'bin bir gelini olarak kendinizi gayretle hazırlamalısınız.

Pazar ayinlerine katılmak ve "İnanıyorum" demek yeterli değildir. Her türlü kötülüğü içinizden söküp atabilmeli ve Tanrı'nın evinin her yerinde sadık olmalısınız. Tanrı'yı ne kadar hoşnut ederseniz, göksel egemenlikte gireceğiniz yer o kadar iyi olacaktır.

Sizleri bu bilgiyle Tanrı'nın gerçek çocukları olmaya teşvik ediyorum. Rab'bin adıyla sadece yeryüzünde Rab ile birlikte yürüyebilmeniz için değil ama ayrıca göklerde de sonsuza dek Tanrı'nın Tahtına yakın yaşamanız için dua ediyorum.

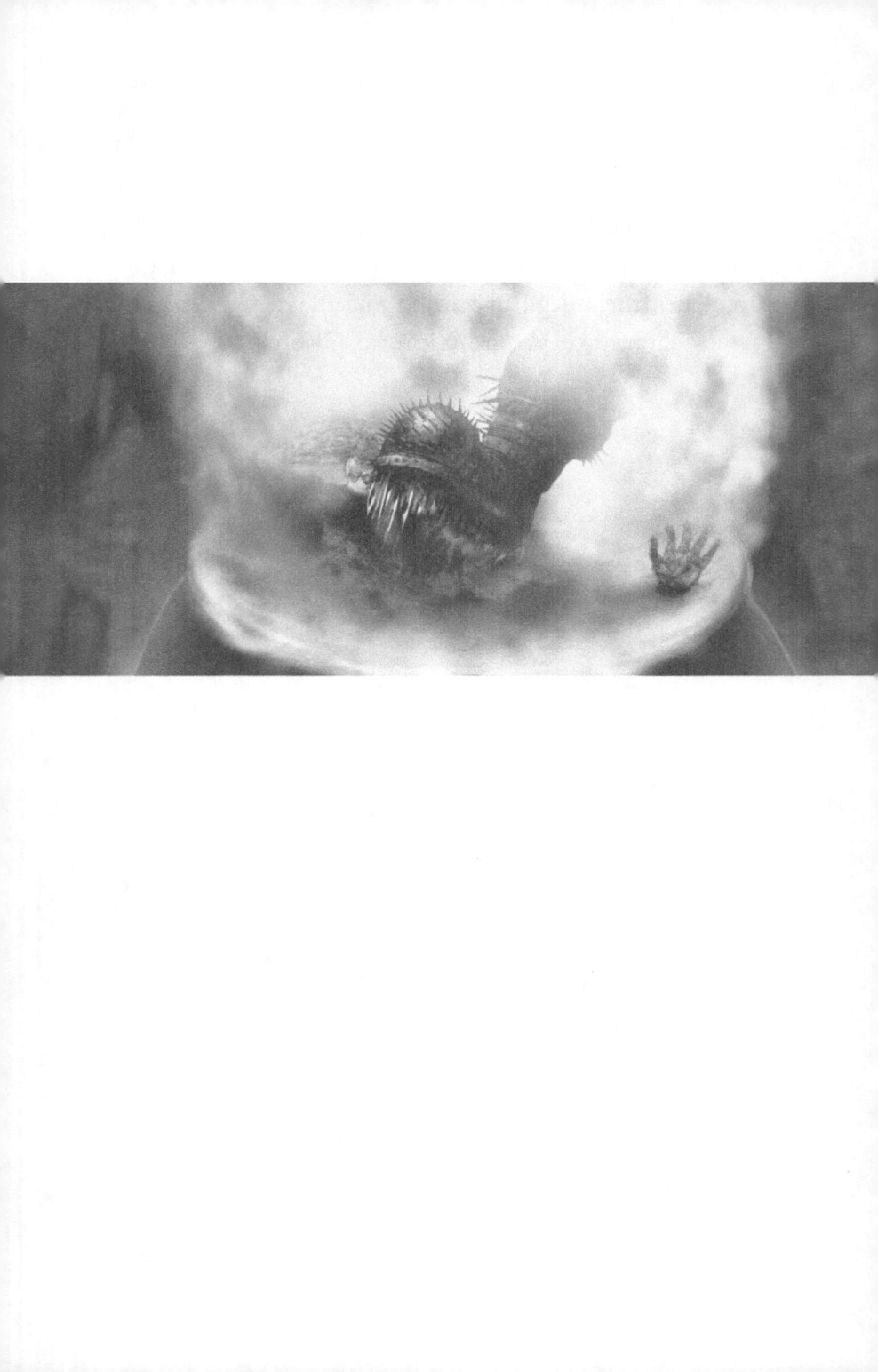

Bölüm 3

Aşağı Ölüler Diyarı ve Cehennem Elçilerinin Kimlikleri

1. Cehennemin Elçileri İnsanları Aşağı Ölüler Diyarına Alırlar
2. Kötü Ruhların Dünyasına Açılan Bekleme Yeri
3. Aşağı Ölüler Diyarında ki Farklı Günahlar İçin Farklı Cezalar
4. Aşağı Ölüler Diyarının Sorumlusu Lusifer
5. Cehennemin Elçilerinin Kimlikleri

*"Tanrı günah işleyen melekleri esirgemedi;
onları cehenneme atıp
karanlıkta zincire vurdu.
Yargılanıncaya dek orada tutulacaklar."*
- 2. Petrus 2:4 -

*"Kötüler ölüler diyarına gidecek,
Tanrı'yı umutan bütün uluslar..."*
- Mezmurlar 9:17 -

Aşağı Ölüler Diyarı ve Cehennem Elçilerinin Kimlikleri

Her yıl hasat mevsiminde çiftçiler iyi ürünün beklentisiyle sevinç içinde olurlar. Ancak her ne kadar gece-gündüz demeden şevkle çalışmış, toprağı gübrelemiş, yabani otlardan ayıklamış olsalar da, her daim birinci kalitede ürün almaları zordur. Bunların arasında ikinci veya üçüncü kalitede ve hatta saman bile olacaktır.

İnsanlar yiyecek olarak samanı yiyemezler. Bunun yanı sıra samanla buğday bir araya gelmez çünkü saman, buğdayı bozar. Bu sebeple çiftçiler samanı bir araya toplayıp yakar ya da gübre olarak kullanırlar.

Yeryüzünde Tanrı'nın insanı yetiştirme durumu da aynıdır. Tanrı, Kendisinin kutsal ve mükemmel suretine sahip gerçek çocuklarını arar. Ancak bütünüyle kötülüğün içine batmış, insan olmanın vazifesini kaybetmiş ve günahlarından tamamıyla arınamayan bazı insanlarda vardır. Tanrı, kutsal ve gerçek çocuklar arzular ama iman içinde yaşamaya çabaladıkları sürece günahlarından tamamıyla kurtulamadan ölmüş olanları da cennette toplar.

Tanrı, İsa Mesih'in sadece gerçek çocukları yetiştirip onları bir araya getirmek olan esas amacına bakmaksızın O'nun kanına bağlı kalıp bir hardal tanesi kadar imanları olanları korkutucu cehenneme yollamaz. Ancak İsa Mesih'e inanmayan ve sonuna kadar Tanrı'ya karşı gelenlerin cehenneme gitmekten başka bir seçeneği yoktur çünkü kendi içlerinde ki şeytanlık sebebiyle yıkım yolunu seçmişlerdir.

Öyleyse kurtulamayan canlar, aşağı ölüler diyarına nasıl taşınacak ve orada nasıl cezalandırılacaklardır? Cehenneme ait olan aşağı ölüler diyarı ve cehennemin elçilerinin kimliklerini detaylıca açıklayacağım.

1. Cehennemin Elçileri İnsanları Aşağı Ölüler Diyarına Alırlar

İmanla kurtularak ölen bir kişi, iki melek tarafından göksel egemenliğe ait ölüler diyarına getirilir. Luka 24:4'de İsa'nın gömülmesi ve dirilmesinden sonra O'nu bekleyen iki meleği buluruz. Kurtulmayan bir kişi öldüğünde ise, cehennemin iki elçisi gelerek o kişiyi aşağı ölüler diyarı aşağı ölüler diyarına alır. Ölüm yatağında yatmakta olan bir kişinin yüz ifadesine bakarak kurtulup kurtulmadığı bilmek genellikle mümkündür.

Ölümden önce ki zaman

Ölümlerinden hemen önce insanların ruhani gözleri açılır. Işık içinde gelen melekleri gören bir insan yüzünde tebessüm ile huzur içinde ölür ve ölü bedeni hemen kaskatı kesilmez. Hatta iki veya üç gün sonra bile ölü beden çürümez ya da kötü koku yaymaz ve tıpkı canlıymış gibi durur.

Kurtulamayan insanlar, cehennemin ürkütücü elçilerini gördüklerinde nasıl da korku ve ürperti içinde hissediyor olmalılar? Gözlerini kapatamayacak kadar korku içinde ölüler.

Eğer bir kişinin kurtuluşu kesin değil ise, melekler ve cehennemin elçileri kişinin canını kendi ait oldukları yere almak için birbirleriyle kavga ederler. Bu sebeple kişi ölene dek endişe içindedir. Sürekli, "onu kurtaracak imanı yok." diyerek ölmekte olan kişiye ithamlarda bulunan cehennem elçileri karşısında nasıl da korku ve endişe içinde olmalıdır? Zayıf iman sahibi bir insan ölüm döşeğinde yattığında daha güçlü iman sahibi insanlar ibadet ve ilahilerle o kişiye yardım etmelidirler. Utanç verici kurtuluşa nail olup cennete gidecek olsa bile ölüm döşeğinde imana gelerek kurtulma şansı olabilir.

İnsanlar dua edip ilahiler söylerken, kurtulacak kadar imanı alan kişinin ölüm döşeğinde huzurlu bir görüntüye büründüğünü görebilirsiniz. Güçlü iman sahibi bir insan ölüm döşeğinde olduğu zaman, imana gelmesi ya da gelişimi için ona yardım etmenize gereksinim olmaz. O kişiye umut ve sevinç vermeniz daha yerinde olacaktır.

2. Kötü Ruhların Dünyasına Açılan Bekleme Yeri

Bir yandan zayıf iman sahibi bir kişi, ölüm döşeğinde dua ve ilahilerle imana gelip kurtulurken, diğer yandan kurtulamayan kişi aşağı ölüler diyarına ait olan bekleme yerine alır ve orada kendini kötü ruhların dünyasına alıştırmak zorunda kalır.

Nasıl yukarı ölüler diyarına girip kurtulan canların üç günlük alıştırma dönemleri varsa, kurtulamayan canlarda aşağı ölüler diyarında derin bir kuyuya andıran bekleme yerinde kalırlar.

Bekleme yerinde üç günlük alışma süresi

Kurtulan canların üç gün kaldığı yukarı ölüler diyarında ki

bekleme yeri, bir sonra ki görkemli hayat için duydukları coşkulu sevinç, huzur ve umutla dopdoludur. Ancak aşağı ölüler diyarının bekleme yerinde durum tam karşıdır.

Kurtulamayan canlar, yeryüzünde işlemiş oldukları kötülüklere göre dayanılmaz acılar içinde olacak ve çeşitli cezalarla karşı karşıya kalacaklardır. Aşağı ölüler diyarına düşmeden önce, üç gün boyunca bekleme yerinde, kendilerini kötü ruhlardan meydana gelmiş bu dünyada ki yaşam için hazırlarlar. Bekleme yerinde ki bu üç gün huzur dolu değildir ama sadece daimi olacak acı dolu yaşantılarının bir başlangıcıdır.

Büyük ve sivri uçlu gagaları olan çeşit çeşit kuş bu canları gagalar. Bu kuşlar, yeryüzünde ki kuşların aksine oldukça çirkin ve mide bulandırıcı ruhani dünyanın kuşlarıdır.

Kurtulamamış canlar çoktan bedenlerinden ayrılmış durumda olduklarından, onların acı çekmediklerini düşünüyor olabilirsiniz. Ancak bu kuşlar onlara zarar verebilir çünkü bekleme yerinde de ruhani varlıklar vardır.

Ne zaman kuşlar onları gagaladığında bedenleri kan ile kopar ve derileri de kalkar. Bu canlar, gagalayan kuşlardan kaçmaya çalışır ama başaramazlar. Sadece mücadele etmeleri ve çığlıklar içinde yere çömelmeleriyle kalırlar. Bazen kuşlar gözlerini çıkarır.

3. Aşağı Ölüler Diyarında ki Farklı Günahlar İçin Farklı Cezalar

Bekleme yerinde üç gün kaldıktan sonra kurtulmayan canlar, yeryüzünde işlemiş oldukları cezalara göre Aşağı ölüler diyarında farklı yerlere cezalarını çekmek üzere yollanırlar. Gökler muazzam genişliktedir. Cehennemde muazzam genişliktedir ve cehennemin sadece bir parçası olan aşağı ölüler diyarında da kurtulmayan canlara ev sahipliği yapan sayısız yer vardır.

Ceza çekilen farklı yerler

Genel olarak aşağı ölüler diyarı, karanlık ve nemli bir yerdir. Orada ki ruhlar, bunaltan sıcaklığı hissederler. Kurtulmayan canlar dayakla, gagalanmayla ve parçalanmaya sürekli işkenceye tabi tutulurlar.

Yeryüzünde bacağınız ya da kolunuz kesilse, bacaksız ya da kolsuz yaşamak zorunda kalırsınız. Bir kere öldünüz mü de, acınız ve sıkıntılarınız da ölümle birlikte yitip gider. Ancak aşağı ölüler diyarında boynunuz kopsa, tekrar kendiliğinden yeninden çıkar. Hatta bedeninizin bir parçası kesilmiş dahi olsa, kısa zamanda bedeniniz tekrar eski haline döner. Nasıl suyu en keskin kılıç ya da bıçakla dilimleyemiyorsanız, hiçbir işkence, gagalama ya da bedeni parçalama çekilen azabı sonlandırmaz.

Kuşların gözlerinizi gagalamasından hemen sonra gözleriniz kendiliğinden eski haline dönüşür. Hatta yaralanmış veya bağırsaklarınız dışarı fışkırmış bile olsa kısa zaman da düzelirsiniz. İşkence görürken kanınız sonu gelmez bir şekilde akıtılır ama ölemezsiniz çünkü kısa zamanda dökülen kanların yerine yenisi dolar. Bu dehşet verici durum size dinmez bir azap verir.

Bu sebeple aşağı ölüler diyarında ki canların akıttığı kanlardan meydana gelen bir ırmak vardır. Unutmayın ki ruh, ölümsüzdür. Sonsuza dek sürekli işkence gördüğünde, acısı da sonsuza dek sürer. Canlar ölebilmek için yalvarırlar ama ölemezler ve ölmelerine müsaade edilmez. Sonu gelmeyen işkenceler yüzünden aşağı ölüler diyarı, insanların çığlıkları, inlemeleri ve çürümüş kan kokusuyla doludur.

Aşağı ölüler diyarında ki azap dolu yakarışlar

Bazılarınızın doğrudan savaş tecrübesi yaşamış olduğunuzu varsayıyorum. Yaşamamış olsanız da, savaş filmlerinde veya tarihi belgesellerde betimlenen yakarış ve acıların olduğu dehşet dolu sahneleri görmüş olmalısınız. Yaralı insanlar kâh burada kâh oradadırlar. Bazıları kollarını veya bacaklarını kaybetmişlerdir. Gözleri çıkmış ve hatta beyinleri parçalanmıştır. Ağır silahların ne zaman üzerine yağacağını hiç kimse bilemez. Böyle bir yer boğucu bir dumanla, kan kokusuyla, iniltilerle ve yakarışlarla doludur. İnsanlar böylesi bir yeri "dünyada ki cehennem" diye çağırırlar.

Ancak aşağı ölüler diyarının yıkıcı manzarası, bu dünyada ki herhangi bir savaş alanında ki görüntüden çok daha fazla berbattır. Dahası, aşağı ölüler diyarında ki canlar sadece o anda ki acılardan çekmezler ama ayrıca gelecek olan işkencelerin korkusunu da taşırlar.

Çektikleri azap onlar için çok fazladır ve bunlardan kaçmaya çalışmaları beyhudedir. İlaveten, onları alevler içinde ateş ve cehennemin daha derinliklerinde kükürt bekler.

"Müjde duyurulurken inanmalıydım. Günah işlememeliydim..." diyerek cehennemin cayır cayır yanan kükürt gölüne baktıklarında, bu canlar nasıl da pişmanlık ve üzüntü içinde olmalılar! Ancak ikinci bir şans yoktur ve onların kurtuluşu için hiçbir yol yoktur.

4. Aşağı Ölüler Diyarının Sorumlusu Lusifer

Bir kişi, aşağı ölüler diyarında ki cezaların çeşit ve büyüklüğünü derinlemesine anlayamaz. Nasıl yeryüzünde ki işkenceler çeşitlilik gösteriyorsa, aşağı ölüler diyarında ki işkencelerde aynı şekilde çeşitlilik gösterir.

Bazıları bedenlerinin çürümesinden çeker. Diğerlerinin bedenleri yenir veya çiğnenir ve kanları çeşit çeşit böcekler tarafından emilir. Hala bazıları alev alev yanan sıcak taşlara bastırılır veya yeryüzünde ki çöl ve plajlardakinden yedi katı daha sıcak kumlara basarak ayakta dururlar. Bazı durumlarda cehennemin elçileri bu canlara işkence ederler. Diğer işkence yöntemlerinde su, ateş veya diğer hayal edilemez yöntem ve ekipmanlar vardır.

Sevgi Tanrı'sı, kurtulamayan canların bulunduğu bu yeri yönetmez. Tanrı, şeytani ruhlara bu yeri yönetme yetkisini vermiştir. Tüm bu şeytani ruhların başı olan Lusifer, saman gibi kurtulamayanların kaldığı bu yeri, yani aşağı ölüler diyarını yönetir. Burada ne merhamet ne de acıma vardır ve Lusifer, aşağı ölüler diyarını her yönden kontrol eder.

Tüm şeytani ruhların lideri Lusifer'in kimliği

Lusifer kimdir? Lusifer, Tanrı'nın çok sevdiği başmeleklerden biriydi ve Tanrı onu "seherin oğlu" diye çağırırdı (Yeşaya 14:12). Buna rağmen Tanrı'ya isyan etti ve şeytani ruhların lideri oldu.

Göklerde ki meleklerin insanlıkları ya da özgür iradeleri yoktur. Bu sebeple, kendi iradeleriyle bir seçim yapamazlar ve tıpkı robotlar gibi emirleri izlerler. Ancak Tanrı özellikle bazı meleklere insanlık vermiş ve sevgisini onlarla paylaşmıştır. Bu meleklerden biri olan Lusifer, göksel müzikten sorumluydu. Lusifer, güzel sesi ve müzik aletleriyle Tanrı'ya ilahiler söylemiş ve Tanrı'nın görkemine şarkılar söyleyerek O'nu hoşnut etmişti.

Ancak Tanrı'nın kendisine olan özel sevgisiyle yavaş yavaş kibirleşmiş ve sonunda Tanrı'dan daha güçlü ve daha yüksek olma arzusu Lusifer'i Tanrı'ya karşı isyan etmeye yöneltmişti.

Lusifer, Tanrı'ya meydan okudu ve isyan etti

İncil bizlere muazzam sayıda meleğin Lusifer'i izlediğini söyler (2. Petrus 2:4; Yahuda 1:6). Göklerde büyük sayıda melekler vardır ve bu meleklerin üçte biri Lusifer'i izlemiştir. Ne kadar çok meleğin Lusifer'e katılmış olduğunu hayal edebilirsiniz. Lusifer, kibrine yenik düşerek Tanrı'ya karşı isyan etmiştir.

Sayısız meleğin Lusifer'i izlemesi nasıl mümkün olmuştur? Meleklerin tıpkı makineler ve robotlar misali verilen emirlere uyması gerçeğinden bunu kolayca anlayabilirsiniz.

Öncelikle Lusifer, kendisinin etkisinde olan bazı baş meleklerin desteğini almış ve sonra kolayca bu baş meleklerin altında ki melekleri emrine tabi kılmıştı.

Meleklerin yanı sıra ejderhalar ve diğer ruhani varlıklar

arasında yer alan keruvların bir bölümü de Lusifer'in isyanını izledi. İsyanıyla Tanrı'ya meydan okuyan Lusifer, her şeye rağmen yenilgiye uğramış ve yaşamakta olduğu göksel egemenlikten yandaşlarıyla birlikte kovulmuştu. Sonra insanın yetiştirilmesi için kullanılacakları süreye kadar dipsiz kuyuya atılmışlardı.

> *"Ey parlak yıldız, seherin oğlu, Göklerden nasıl da düştün! Ey울usları ezip geçen, Nasıl da yere yıkıldın! İçinden, "Göklere çıkacağım" dedin, "Tahtımı Tanrı'nın yıldızlarından daha yükseğe koyacağım; İlahların toplandığı dağda, Safon'un doruğunda oturacağım. Bulutların üstüne çıkacak, Kendimi Yüceler Yücesi'yle eşit kılacağım." Ancak ölüler diyarına, Ölüm çukurunun dibine İndirilmiş bulunuyorsun"* (Yeşaya 14:12-15).

Göklerde, Tanrı'nın taşan sevgisinin yanı başında, Lusifer anlatılamayacak kadar güzeldi. İsyandan sonra çok çirkin ve dehşet verici bir görüntüye dönüştü.

Ruhani gözleriyle Lusifer'i gören insanlar onun çirkin olduğunu ve sadece bir görüşle bile isyankâr olduğunu söylerler. Göklerin yükseklerine süzülen kırmızı, beyaz ve sarı gibi çeşitli renklere boyanmış darmadağınık saçlarıyla kasvetli bir görüntüsü vardır.

Bu gün Lusifer, kıyafetleri ve saç stilleriyle insanların kendisini taklit etmesine öncelik eder. İnsanlar dans ettiklerinde parmaklarıyla işaret ederek vahşi, düzensiz ve çirkin bir görünüm sergilerler.

Bunlar Lusifer'in yarattığı zamanımızın eğilimleridir ve kitle iletişim araçları ve kültür sayesinde hızla çoğalırlar. Bu eğilimler, insanların duygularını incitir ve onları kargaşaya sürükler. Dahası, bu eğilimler, insanları Tanrı'dan uzaklaştırmak için yanılgıya düşürür ve hatta O'nu inkâr etmelerini sağlar.

Tanrı'nın çocukları farklı olmalı ve bu gibi dünyevi eğilimlere düşmemelidirler. Eğer dünyevi eğilimlerin içine düşersiniz, doğal olarak Tanrı'nın sevgisini kendinizden uzak tutarsınız çünkü dünyevi eğilimler sizden yüreğiniz ve düşünceleriniz alıp uzaklaştırır (1.Yuhanna 2:15).

Şeytani ruhlar aşağı ölüler diyarını kasvetli bir yer haline sokar

Sevgi Tanrı'sı iyiliğin bizzat kendisidir. Hikmeti, iyi düşünceleri ve adaletiyle her şeyi bizim için hazırlar. Güzeller güzeli göksel egemenlikte azami ölçüde mutlu, sonsuza dek yaşamımızı ister. Lusifer ise kötülüğün bizzat kendisidir. Lusifer'in yandaşları olan kötü ruhlar, insanlara daha şiddetli eziyet çektirmenin yollarını ararlar. Kötülüğe çalışan zekâlarıyla ve her türlü işkence yöntemleri düzenleyerek aşağı ölüler diyarını çok daha dehşet verici bir yer haline dönüştürürler.

Tarih boyunca bu dünya da bile insanlar, çeşitli zalimce işkence yöntemleri planlamışlardır. Kore, Japonya'nın yönetimi altındayken, ulusal bağımsızlık hareketinin Koreli liderleri Japonlar tarafından işkenceye tabi tutulmuş, bambu kamışlarıyla tırnak içleri delinmiş ve hatta teker teker tırnakları çekilmişti.

Ayrıca bağımsızlık hareketi liderleri baş aşağı sarkıtılmış kırmızıbiber ve su karışımı gözlerine ve burunlarına dökülmüştü. İşkence odalarını yanan derilerin iğrenç kokusu doldururdu çünkü Japon işkenceciler onların bedenlerini kızgın metallerle dağlarlardı. Şiddetli dayak neticesinde iç organları dışarı taşardı.

Kore tarihi boyunca insanlar suçlulara nasıl işkenceler yaptı? Bir işkence metodu olarak suçlunun bacaklarını bükerlerdi. Suçlu, ayak bilekleri ve dizlerinden bağlanır ve sonra iki sopa baldırlarının arasından geçirilirdi. Suçlunun bacak kemikleri, işkenceci iki sopayı hareket ettirdiğinde parçalanırdı. Bunun ne kadar acı verici olduğunu hayal edebiliyor musunuz?

İşkenceyi yapan kişiler, hayal gücümüzün bize elverdiği ölçüde zalimdir. Öyleyse çok daha güçlü zekâ ve yeteneğe sahip kötü ruhların elinde kurtulmamış canlara yapılan işkence ne kadar daha zalim ve berbattır? Çeşitli işkence yöntemleri geliştirmek ve kurtulamayan canları buna tabi tutmak onların zevkidir.

Bu sebeple kötü ruhların dünyasını bilmelisiniz. Böylece onları yönetebilir, kontrol edebilir ve üstesinden gelebilirsiniz. Bu dünyanın düzenine riayet etmeden kendinizi kutsal ve temiz kıldığınızda onları yenilgiye kolayca uğratabilirsiniz.

5. Cehennemin Elçilerinin Kimlikleri

Aşağı ölüler diyarında kurtulmayan canlara işkence eden cehennemin elçileri kimlerdir? Dünya başlamadan önce

Cehennem

Lusifer'in isyanına katılarak düşen yandaş meleklerdir.

Yetkilerinin sınırı içinde kalmayıp kendilerine ayrılan yeri terk etmiş olan melekleri, büyük yargı günü için çözülmez bağlarla bağlayarak karanlığa hapsetti (Yahuda 1:6).

Düşen melekler serbestçe dünyaya gelemezler çünkü Tanrı, Büyük Beyaz Tahtın Yargı gününe kadar onları karanlığa atmıştır. Bazıları düşen meleklerin cinler olduğunu iddia ederler ama bu doğru değildir. Cinler, özel durumlar altında işlerini gerçekleştirmek için aşağı ölüler diyarında serbest bırakılan kurtulmamış canlardır. Sekizinci bölümde bunu detaylıca açıklayacağım.

Lusifer ile düşen melekler

Tanrı, yargılamak için düşen melekleri karanlığa, yani cehenneme attı. Bu yüzden özel zamanlar hariç düşen melekler dünyaya gelemez.

Tanrı'ya isyan ettikleri zamana kadar çok güzellerdi. Ancak düştükleri ve lanetlendikleri için cehennemin elçileri ne güzel ne de parlaktırlar.

Öylesine korkunç bir görüntüleri vardır ki sizde tiksinti uyandırırlar. Görünüşleri itibarıyla insan yüzlerine andırırlar ya da çeşitli iğrenti uyandıran hayvanların maskelerini yüzlerine takarlar.

Görünüşleri, Kutsal Kitap'ta yazılan domuzlara benzer

(Leviliier 11). Ama lanetlenmiş ve çirkin görüntüleri vardır. Ayrıca bedenlerini kaba renk ve desenlerle süslerler. Demirden zırh ve postallar giyerler. Keskin işkence malzemeleri sağlamca üzerlerine yerleştirilmiştir. Çoğunlukla ellerinde bir bıçak, mızrak ya da kırbaç tutarlar.

Otoriter bir görüntüleri vardır ve yürüdükleri zaman onların güçlerini hissedebilirsiniz çünkü tam güç ve yetkilerini karanlıkta talim ederler. İnsanlar, cinlerden çok korkarlar ama cehennemin elçileri, cinlerden kat be kat daha dehşet vericidir.

Cehennemin elçileri canlara işkence yaparlar

Cehennemin elçilerinin tam anlamıyla rolleri nelerdir? Cehennemin yönetiminden sorumlu olduklarından öncelikli rolleri kurtulmayan canlara işkence yapmaktır.

Cehennemin elçileri tarafından icra edilen en belirgin işkenceler, aşağı ölüler diyarında en ağır cezaları işleyenler için ayrılmıştır. Örneğin, çirkin domuzların maskelerini takan elçiler, ruhların bedenlerini doğrar ya da balonlar gibi onları şişirir, patlatır veya kırbaçlar.

Buna ek olarak insanlara çeşitli yöntemlerle işkence yaparlar. Hatta çocuklar bile işkenceden kaçamaz. Yüreklerimizi üzen ise, cehennemin elçilerinin sırf eğlence için çocukların canlarını acıtması ve onları dövmesidir. Bu sebeple, sonu gelmez acı ve azapla dolu bu zalim, berbat ve dehşet verici yer olan cehenneme tek bir canın bile düşmesini önlemek için elinizden gelenin en iyisini yapmalısınız.

1992 senesinde yoğun stres ve fazla çalışma yüzünden

ölümün kıyısına geldim. O anda Tanrı bana kilisemin pek çok üyesinin bu dünyanın yolunu izlediğini gösterdi. Bu görüntüyü görene dek Rab ile birlikte olacağım an için umut besliyordum. Ama koyunlarımın pek çoğunun cehenneme düştüğünü görünce Rab ile birlikte olmayı istemekten vazgeçtim.

Böylece fikrimi değiştirdim ve Tanrı'dan beni eski sağlığıma kavuşturmasını istedim. Tanrı anında bana güç verdi ve beni bile şaşkınlığa düşürerek ölüm döşeğinden kalkmamı sağladı. Bir anda mükemmel bir sağlığa kavuştum. Tanrı'nın gücü beni canlandırdı. Cehennem hakkında çok şey bildiğimden ve cehennemi iyi tanıdığımdan, tek bir canın dahi kurtulmasını sağlamak umuduyla Tanrı'nın bana ifşa ettiği cehennemin sırlarını gayretle duruyorum.

Bölüm 4

Aşağı Ölüler Diyarında ki Cezalar ve Kurtulamayan Çocuklar

1. Fetüsler ve Meme Emen Bebekler
2. Yeni Yürümeye Başlayan Bebekler
3. Yürüyecek ve Konuşacak Kadar Büyük Çocuklar
4. Altı Yaşından On iki Yaşına Kadar Olan Çocuklar
5. Peygamber Elişa ile Alay Eden Gençler

*"Ölüm yakalasın düşmanlarımı ansızın,
Diri diri ölüler diyarına insinler;
Çünkü içleri ve evleri kötülük dolu."*
- Mezmurlar 55:15 -

*"Elişa oradan ayrılıp Beytel'e giderken kentin küçük çocukları
yola döküldüler. "Defol, defol, kel kafalı!" diyerek onunla
alay ettiler. 'Elişa arkasına dönüp çocuklara baktı
ve RAB'bin adıyla onları lanetledi.
Bunun üzerine ormandan çıkan iki dişi
ayı çocuklardan kırk ikisini parçaladı."*
- 2. Krallar 2:23-24 -

Bir önce ki bölümde düşen başmelek Lusifer'in nasıl cehennemi yönettiğini ve diğer düşen meleklerin nasıl Lusifer'in yönetiminde olduğunu açıkladım. Cehennemin elçileri, kurtulmayan ruhlara günahlarına göre işkence ederler. Genel olarak aşağı ölüler diyarında ki cezalar dört bölüme ayrılır. En hafif ceza, vicdanlarının yargısının bir sonucu olarak cehenneme girenlere verilir. En ağır ceza ise, vicdanları sıcak demirle dağlanan ve tıpkı Yahuda İskariyot gibi kendi kişisel kazançları için Tanrı'ya kafa tutanlara verilir.

İleriki bölümlerde cehenneme ait aşağı ölüler diyarında ki kurtulamayan canlara verilen cezaların çeşitlerini detaylıca anlatacağım. Yetişkinlere verilen cezaları derinlemesine incelemeden önce, farklı yaş gruplarında olup kurtulamamış çocuklara verilen cezaları tartışacağım.

1. Fetüsler ve Meme Emen Bebekler

İnanmayan anne-babalarından kalıtım yoluyla geçen günahkâr doğa yüzünden vicdanın yargısını geçememiş, düşüncesi dahi olmayan çocuklar bile cehenneme gidebilir. Bir yetişkinle mukayese edildiğinde günahı daha hafif olduğundan bir çocuk nispeten daha hafif bir ceza alır ama yine de açlıktan ve acıdan ıstırap çeker.

Meme emen bebekler ağlar ve açlık çekerler

Henüz yürüyemeyen ve konuşamayan, sütten kesilmiş

bebekler ayrı bir şekilde sınıflandırılır ve daha büyük bir yerde hapsedilirler. Kendi başlarına düşünemez, hareket edemez ya da yürüyemezler çünkü kurtulmamış bebekler, öldükleri anda ki aynı özellik ve bilinci muhafaza ederler. Dahası niçin cehennemde olduklarını bilmezler çünkü beyinlerinde tutulmuş hiçbir kayıt yoktur. Anne ve babalarını bilmeden doğaları gereği açlıktan dolayı sadece ağlarlar. Cehennemin bir elçisi, matkaba andıran bir nesneyi bebeklerin beline, koluna, bacaklarına, gözlerine, el ya da ayak tırnaklarına batırır. Bundan sonra bebek kulakları tırmalayan bir sesle ağlar ve cehennemin elçisi bebeğin bu haline güler ve bundan zevk duyar. Bebekler sürekli ağlıyor olsalar da onlarla ilgilenecek hiç kimse yoktur. Ağlamaları, yorgunluk ve büyük acılarla devam eder. Dahası cehennemin elçileri bazen bir araya gelip bir bebeği aralarından seçer ve bir balonmuş gibi bebeği şişirirler. Sonra bebeği sırf eğlence için fırlatır, tekmeler veya yakalama oyunu oynarlar. Bu nasıl da zalimce ve dehşet vericidir?

Terkedilmiş fetüsler, sıcaklık ve rahattan mahrum bırakılır

Doğmadan önce ölen fetüslerin kaderi nasıldır? Daha öncede açıkladığım gibi, çoğunluğu kurtulur ama bazı istisnalar vardır. Bazı fetüsler kurtulamaz çünkü ciddi biçimde Tanrı'ya karşı durmuş ve oldukça şeytani eğilimlerde bulunmuş anne-babalarından en kötü doğayı kalıtım yoluyla alarak gebelik başlamıştır. Kurtulmamış fetüslerin ruhları da tıpkı sütten kesilmiş bebeklerin kaldığı gibi bir yerde toplanmıştır.

Aşağı Ölüler Diyarında ki Cezalar ve Kurtulamayan Çocuklar

Yaşça daha büyük insanların canları gibi şiddetli işkenceye tabi tutulmazlar çünkü öldükleri vakit işlemiş oldukları bir günah olmadığı gibi vicdanları da yoktur. Onların ceza ve laneti, annelerinin rahminde hissettikleri sıcaklık veya rahatlıktan yoksun bırakılmış olmalarıdır.

Aşağı ölüler diyarında ki bedenlerin şekilleri

Aşağı ölüler diyarında ki kurtulmamış canların şekilleri nasıldır? Eğer sütten kesilmiş bir bebek ölürse, aşağı ölüler diyarında sütten kesilmiş bir bebek olarak hapsedilir. Eğer ana rahminde bir fetüs olarak ölmüş ise, bir fetüsün şeklinde aşağı ölüler diyarına kapatılır. Oysa göklerde kurtulmuş olan canlar, yeryüzünde sahip oldukları şekillerde olmalarına rağmen İsa Mesih'in ikinci gelişinde yeni dirilmiş bedenlere bürünürler. O anda herkes tıpkı Rab İsa gibi 33 yaşında olan güzel bedenlere dönüştürülür ve göksel bedenlere sahip olurlar. Kısa bir insan, en uygun uzunluğa kavuşur ve bacağı ya da kolu olmayan bir kişi, bacağına ve koluna kavuşur.

Ancak cehennemde ki kurtulmamış canlar, İsa'nın İkinci Gelişinden sonra dahi yeni ve dirilmiş bedenlere bürünemezler. Dirilemezler çünkü İsa Mesih'ten aldıkları bir hayat yoktur ve dolayısıyla öldükleri zamanda ki görünüşlerini korurlar. Yüzleri ve vücutları, cesetler gibi solgun ve koyu mavidir. Saçları cehennemin korkunçluğu yüzünden darmadağınık bir haldedir. Bazıları paçavra, bazıları da birkaç parça kumaş parçasını giyer. Bazılarınınsa bedenlerini kapatacak hiç bir şeyleri yoktur.

Göklerde kurtulan canlar uzun beyaz giysiler giyer ve parlak taçlar takarlar. Buna ek olarak her insanın görkem ve ödülüne göre giysilerin parlaklığı ve süslemeleri farklılık gösterir. Oysa cehennemde kurtulmamış canların görünüşleri, günahlarının büyüklükleri ve çeşitlerine göre farklıdır.

2. Yeni Yürümeye Başlayan Bebekler

Yeni doğmuş bebekler büyüdükçe ayağa kalkmayı, sendeleyerek yürümeyi ve birkaç kelime söylemeyi öğrenirler. Bu yeni yürümeye başlayan bebekler öldüğünde, onlara ne tip cezalar verilir?

Yeni yürümeye başlayan bebeklerde ayrı bir yerde grup halinde tutulur. İçgüdüsel olarak acı çekerler çünkü mantıklı düşünemedikleri ve olayları makul bir şekilde yargılayamadıkları bir zamanda ölmüşlerdir.

Yürümeye başlayan bebekler dayanılmaz bir acıyla ebeveynlerini ağlayarak isterler

Yürümeye başlayan bebekler sadece iki ve üç yaşlarındadır. Dolayısıyla ölümü bile tanımazlar ve niçin cehennemde olduklarını da bilmezler ama hala anne ve babalarını hatırlarlar. Bu sebeple mütemadiyen, "Anne, neredesin? Baba? Eve gitmek istiyorum. Niçin buradayım?" diye ağlarlar.

Bu dünyada yaşarlarken düşüp dizlerini çizdiklerinde, anneleri hızla gelip onlara sıkıca sarılırdı. Ancak anneleri, ne kadar ağlayıp bağırsalar da ve bedenleri kana batmış olsa da gelmezler. Annesini bir süpermarket ya da bir mağazada kaybeden çocuk korkuyla bağırıp gözyaşlarına boğulmaz mı? Kendilerini bu korkunç cehennemden kurtaracak ebeveynlerini bulamazlar. Bu gerçeğin kendisi onları dayanılmaz dehşete sürüklemek için yeterlidir. Dahası cehennemin elçilerinin korkutucu ses ve kaba kahkahaları bebeklerin daha da sesli ağlamalarına sebep olur ama bu faydasızdır.

Zaman öldürmek için cehennemin elçileri onların sırtlarına vurur, ayaklarının altında ezer veya kırbaçlarlar. Şok ve acı içinde ki çocuklar çömelmeye ve onlardan kaçmaya çabalar. Ancak böylesine kalabalık bir yerde kaçamazlar ve burunlarını çekerek gözyaşlarına boğulmuş bir halde birbirlerine dolanır, birbirlerini ezer, bereler ve her yeri kan içinde bırakacak şekilde yaralanırlar Bu berbat koşullar altında, çocuklar sürekli ağlarlar çünkü açtırlar, korkmuşlardır ve annelerine özlem duyarlar. Bu koşulların kendisi bebekler için "cehennem"dir.

İki veya üç yaşlarında ki çocukların ciddi günah ve suç işlemeleri çok zordur. Ancak bu gerçeğe rağmen, ilk günah ve kendi tarafından işlenmiş günahlar sebebiyle berbat bir şekilde cezalandırılırlar Öyleyse çocuklardan daha ciddi günahlar işlemiş olan yetişkinlerin cehennem de ki cezası nasıl olacaktır?

Ama çarmıhta ölerek günahlarımızı üstlenen İsa Mesih'e inan herkes cehennemin cezalarından azattır ve ışıkta yaşar. Geçmişin, bugünün ve geleceğin tüm günahlarından bağışlandığından göklere girebilir.

3. Yürüyecek ve Konuşacak Kadar Büyük Çocuklar

Yürümeye ve bir ya da iki sözcük söylemeye başlayan çocuklar, üç yaşına geldiklerinde koşar ve oldukça iyi konuşurlar. Üç ile beş yaş arası olan çocukları aşağı ölüler diyarında ne tip cezalar bekler?

Cehennem elçileri onları mızraklarla kovalar

Üç ile beş yaş arası çocuklar, geniş ve karanlık bir yerdedir ve orada cezalandırılmaya terk edilmişlerdir. Güçleri yettiğince, ellerinde üç-dişli mızrakla peşlerinden gelen cehennem elçilerinden kaçınmak için oradan oraya koşarlar.

Üç-dişli mızrak, uç bölümü üç bölüme ayrılmış çatal şeklinde bir mızraktır. Cehennem elçileri, çocukların canlarını kovalar ve oyundan sonra tıpkı bir avcının mızrağını kullandığı gibi bu çocukları delerler. Sonunda bu çocuklar bir tepeye ulaşır ve tepenin ayakları altında, uzakta aktif bir volkanın kaynayan lavları gibi kaynayan suyu görürler. Önceleri çocuklar tepeden aşağı atlamak konusunda tereddüt eder ama kendilerini kovalayan cehennem elçilerinden kurtulmak için kaynayan suya atlamak zorunda kalırlar. Başka bir seçenekleri yoktur.

Kaynayan sudan kurtulabilme mücadelesi

Çocuklar, cehennem elçilerinin elinde tuttukları mızraklarla delinmekten kurtulur ama bu sefer kaynayan suyun içine düşerler. Bunun ne kadar acı verici bir şey olduğunu hayal edebiliyor musunuz? Su, burun deliklerinden ve ağızlarından girdiği için başlarını suyun yüzeyine çıkarma mücadelesi verirler. Cehennem elçileri bunu gördüklerinde çocuklara "Eğleniyor musunuz?" ya da "ne kadar da eğlenceli!" diyerek dalga geçerler. Sonra şöyle haykırırlar, "Bu çocukların cehenneme düşmesinin sebebi kim? Onların anne ve babalarını ölüm yoluna sürükleyip öldüklerinde buraya gelmelerini ve çocuklarının acı ve azap çekişlerini seyretmelerini sağlayalım!"

Tam o sırada kaynayan sudan kaçmaya çalışan çocukları, büyük bir balık ağı yakalayıp ilk kaçtıkları yere geri götürür. O andan sonra, çocukların mızraklı cehennem elçilerinden kaçıp kaynayan suya atlamaları süreci sonu gelmez bir şekilde devam eder durur.

Bu çocuklar sadece üç ile beş yaş arası çocuklardır ve çok iyi koşamazlar. Ama buna rağmen peşlerinden mızrakla kovalayan cehennem elçilerinin elinden kaçabilmek için var güçleriyle koşarak tepeye ulaşırlar. Kaynayan suyun içine atlar ve sonra oradan çıkmak için mücadele verirler. Büyük bir ağ ile yakalanıp, geldikleri yere geri atılırlar. Bu rutin durum sonsuza dek böyle devam eder durur. Ne kadar berbat ve trajik!

Hiç parmağınızı sıcak bir demirle ya da sıcak bir nesneyle yaktınız mı? O zaman bunun ne kadar sıcak ve acı verici olduğunu bilebilirsiniz. Şimdi tüm bedeninizin kaynayan su ile sırılsıklam olduğunu veya kaynayan suyla dolu geniş bir tencere içinde battığınızı hayal edin. Bunu düşünmek bile acı verici ve korkutucudur.

Eğer üçüncü derecede yanmışsanız, bunun ne muazzam bir acı olduğunu hatırlayabilirsiniz. Ayrıca bedeninizin al rengini, yanık kokusunu ve bu yanık bedende ki ölü hücrelerin çürüyen kötü kokusunu da hatırlayabilirsiniz.

Yanık yerler iyileşse bile çirkin izler hala kalır. İnsanların pek çoğu böyle izleri olan insanlarla dostluk kurmakta zorluk çekerler. Hatta bazen kurbanın ailesi bile onunla aynı masada yemek yemekte zorlanır. Tedavi sırasında hasta, yanık bedenin acısına katlanamaz ve en kötü durumlarda ya ruh hastalıkları gelişir ya da hasta tedavi sırasında çektiği azaptan dolayı intihar eder. Bir çocuk yanmış ise, anne ve babasının yürekleri de acı çeker.

Ancak yeryüzünde ki en kötü yanık, cehennemde kurtulmamış olan çocukların ruhlarının sonu gelmez ve sürekli tekrarlanan cezalarıyla mukayese dahi edilemez. Acının büyüklüğü ve cehennem de bu çocuklara reva görülen cezaların zalimliği hayal gücümüzün çok ötesindedir.

Bu tekrarlanan cezalardan kaçıp saklanacağımız hiçbir yer yoktur

Ellerinde üç başlı çatalımsı mızraklarla kovalayan cehennem elçilerinden kaçmak için çocuklar sürekli koşarlar ve sonu kaynayan suya çıkan bir tepeden aşağıya düşerler. Tamamen kaynayan suyun içine dalarlar. Kaynayan su yapışkan bir lav gibi vücutlarını sarar ve kötü bir koku yayar. Dahası, sudan çıkmak için mücadele verirlerken, dehşete düşüren bu yapışkan su, burun deliklerinden ve ağızlarından içeri girer. Ne kadar ciddi olsa da, dünyada meydana gelen bir yanıkla bu durum nasıl kıyaslanabilir? Hiç ara verilmeden sürekli işkence görmelerine rağmen bu çocukların duyuları kör değildir. Çıldıramaz, unutmak için bayılamaz ve hatta bir süre sonra bu acıya kayıtsız kalamaz veya cehennemde ki acıyı dindirmek için intihara bile kalkışamazlar. Ne perişanlık!

Aşağı ölüler diyarında ki üç, dört ya da beş yaşındaki çocuklar, günahlarınızın cezasını böylesi muazzam acılarla çekerler. Cehennemde yetişkinleri bekleyen cezaların çeşit ve büyüklüğünü hayal edebiliyor musunuz?

4. Altı Yaşından On iki Yaşına Kadar Olan Çocuklar

Aşağı ölüler diyarında altı ile on iki yaşları arasında çocukları ne tip cezalar bekler?

Kandan ırmağa gömülmek

Yeryüzünün yaratılışından bu yana, kurtulmamış sayısız can, aşağı ölüler diyarının işkenceleriyle kanlarını akıtmaktadır. Kesildikten hemen sonra bacak ve kollarının yerine geldiği düşünülürse, ne kadar kan dökmüş olmalılar?

Onların döktüğü kanlar bir ırmak meydana getirmek için yeterlidir çünkü dökülmüş olan kana bakılmaksızın cezaları sürekli tekrarlanır. Hatta bu dünyada bile büyük bir savaş veya katliam ertesinde insanların dökülen kanlarından küçük gölcükler veya nehirler oluşur. Böyle bir durumda bozulan kanın kötü kokusu havaya yayılır. Sıcak yaz aylarında koku daha da kötüdür ve her çeşit zararlı böcek akın eder ve bulaşıcı hastalıklar yaygınlaşır.

Cehennemin aşağı ölüler diyarında küçük bir gölcük ya da nehir yoktur ama kandan meydana gelmiş geniş ve derin bir havuz vardır. Altı ile on iki yaş arasında ki çocuklar, nehrin kıyısında cezalandırılıp oraya gömülür. Ne kadar ciddi bir günah işlemişlerse o kadar nehre yakın cezalandırılır ve o kadar derine gömülürler.

Toprağı Kazıma

Kan nehrinden uzak çocuklar, toprağa gömülmez. Ama hala aç olduklarından çıplak elleriyle toprağı kazıyarak yiyecek bir şeyler bulmaya çalışırlar. Tırnaklarını kaybedene ve parmak uçları katılaşana dek nafile bir halde umutsuzca kazarlar. Parmakları ölçüsü yıpranmadan dolayı kısalır ve kana batar. Hatta parmaklarında ki kemikler bile dışarı çıkar. Sonunda parmakları ve avuçları yıpranır. Ama bu acıya rağmen, çocuklar yiyecek bulacaklarının solgun umuduyla kazmaya devam ederler.

Nehre yaklaştığınızda orada ki çocukların çok daha şeytani olduklarını kolayca fark edebilirsiniz. Çocuklar ne kadar kötüyse o kadar yakın nehre yerleştirilirler. Bellerine kadar toprağa batmış bir haldeyken aşırı açlık yüzünden birbirlerini ısırmak için kavgaya bile tutuşurlar.

En kötü çocuklar, nehrin yakın kıyılarında cezalandırır ve boyunlarına kadar toprağa gömülürler. Yeryüzünde ki insanlar eğer boyunlarına kadar gömülürlerse sonunda ölürler çünkü vücutta kan dolaşımı olmaz. Ölümün olmaması gerçeği, cehennemde cezalandırılan kurtulmamış canlar için sonsuz azap anlamına gelir.

Nehrin kötü kokusundan ıstırap çekerler. Sivrisinekler gibi her türlü zararlı böcekler nehir boyunca uçarak çocukların yüzlerini ısırır ama toprağa gömülmüş oldukları için bu sinekleri kovamazlar. Sonunda tanınmayacak şekilde yüzleri şişer.

Zavallı çocuklar: cehennemin elçilerinin oyuncakları

Ne şekilde olursa olsun çocukların ıstıraplarının sonu değildir. Nehir kıyısında birbirleriyle konuşan ve gülen cehennemin elçilerinin yüksek sesleri yüzünden çocukların kulak zarları yırtılır. Cehennemin elçileri dinlendikleri zaman gömülmüş bu çocukların başları üzerinde oturup çiğnerler.

Cehennemin elçilerinin giysileri ve ayakkabıları keskin nesnelerle donanmıştır. Bu sebeple cehennemin elçileri, çocukların üzerlerine oturup gezindiklerinde, bu çocukların başları ezilir, yüzleri parçalanır veya saçları çekilir. Dahası, elçiler çocukların yüzlerini keser veya ayaklarının altında başlarını ezerler. Bu ne kadar zalimce bir cezadır?

"İlköğretim okulu öğrencilerinin böylesi zalim cezalar çekmesine neden olarak nasıl bir günah işlemiş olabilirler?" diye düşünebilirsiniz. Ancak bu çocuklar ne kadar genç olurlarsa olsun, ilk günaha ve kasıtlı işledikleri günahlara sahiptirler. "Günahın ücreti ölümdür" diyen ruhani yasa, yaş ne olursa olsun evrensel olarak geçerlidir.

5. Peygamber Elişa ile Alay Eden Gençler

2. Krallar 2:23-24 ayetleri, peygamber Elişa'nın Eriha'dan kalkıp Beytel'e gittiği bir sahneyi betimler. Peygamber yol boyunca yürürken kentin çocukları *"Defol, defol, kel kafalı!"* diye onunla alay ettiler. Daha fazla onlara katlanamayan Elişa, çocukları Rab'bin adıyla lanetledi. Bunun üzerine ormandan çıkan iki dişi ayı, çocuklardan kırk ikisini parçaladı. Aşağı ölüler diyarında bu kırk iki çocuğun başına ne geldiğini düşünüyorsunuz?

Boyunlarına kadar gömüldüler

İki dişi ayı kırk iki çocuğu parçaladı. Dolayısıyla peygamber Elişa'yı kaç çocuğun izleyip alay ettiğini tasavvur edebilirsiniz. Elişa, Tanrı'nın güçlü işlerini ortaya koyan bir peygamberdi. Diğer bir deyişle, eğer sadece birkaç söz ile onunla alay etmiş olsalardı Elişa onları lanetlemezdi.

Ama onu izlemeye ve "defol, kel kafalı!" demeye devam etmişlerdi. Bunun yanı sıra ona taş atmış ve sivri sopalarla yaralamışlardı. Peygamber Elişa, önce onları kibarca uyarıp azarlamış olmalıydı ama bağışlanmak için çok kötü olduklarından onları lanetlemek zorunda kaldı.

Bu olay, insanlar çok daha vicdan sahibi ve zamanımda ki gibi kötülük bu kadar çok taşmadığı birkaç bin sene önce meydana gelmişti. Bu çocuklar, Tanrı'nın güçlü işlerini icra eden yaşlı bir peygamber olan Elişa'yla alay edecek kadar kötü çocuklardı.

Aşağı ölüler diyarında bu çocuklar, kandan nehrin hemen

yanı başında boyunlarına kadar gömülmüş vaziyette cezalandırılırlar. Nehirden gelen kötü koku yüzünden boğulacak gibi olurlar ve aynı zamanda her türlü zararlı böcekler tarafından ısırılırlar. Bunlara ek olarak cehennemin elçileri tarafından zalimce işkenceye maruz kalırlar.

Ebeveynler çocuklarını yönetmeli

Günümüz çocukları nasıl davranır? Bazıları, arkadaşlarını soğukta bırakır, onların harçlık ya da öğle yemeği paralarını alır, onları döver ve hatta sigarayla onları yakar. Tüm bunları onlardan hoşlanmadıkları için yaparlar. Hatta bazı çocuklar intihara bile kalkışır çünkü böylesi tekrarlanan ve zalim tacizlere dayanamazlar. Sadece ilkokul öğrencileri olmalarına rağmen organize çetelerde olan çocuklar, soğukkanlı bir suçluyu taklit ederek adam bile öldürürler.

Bu sebeple ebeveynler, çocuklarının dünyanın bu örneklerini izlemesini önleyecek şekilde yetiştirmeli ve onların Tanrı'dan korkarak imanlı bir hayat sürmelerini sağlamalıdırlar. Kendiniz göksel egemenliğe girip cehennemde işkenceye tabi tutulan çocuğunuzu gördüğünüzde ne kadar da büyük bir üzüntü duyacaksınız? Bunu düşünmek bile öylesine korkunçtur.

Dolayısıyla, değerli çocuklarınızı gerçeğe uygun olarak imanda yaşamalarını sağlayacak şekilde yetiştirmelisiniz. Örneği, bir ayin sırasında çocuğunuza konuşmamasını ve etrafta koşuşturmamasını ama tüm yürekleri, akılları ve ruhlarıyla dualar edip ilahiler söylemesini öğretmelisiniz. Hatta annelerinin ne dediğini anlamayan bebekler bile anneleri onlar için dua edip imanla yetiştirdiği takdirde ayin esnasında ağlamazlar. Bu bebekler de göklerde ödüllerini alacaklardır.

Ebeveynler bir kural olarak koyduğu takdirde üç ile dört yaş arasında ki çocuklar ibadet ve dua edebilir. Yaşa bağlı olarak duanın derinliği de değişir. Mesela 5 dakikadan 10 dakikaya ve sonra 30 dk ve 1 saat olmak üzere, anne – babalar çocuklarının dua sürelerini yavaş yavaş uzatmayı öğretebilirler.

Ancak bu çocuklar ne kadar küçük olurlarsa olsunlar, anne-babaları onların yaş ve algılama seviyelerine uygun bir şekilde Sözü öğrettiklerinde ve çocuklarını Söze göre yaşamak konusunda aydınlattıklarında, çocuklar genelde Tanrı'nın Sözüne sadık olmak ve O'nu hoşnut edecek şekilde yaşamak için çok daha fazla çabalarlar. Kutsal Ruh, onların içlerinde olduğu zaman, gözyaşlarıyla günah çıkarır ve tövbe ederler. Somut bir şekilde İsa Mesih'in kim olduğunu öğretmenizi ve çocukların imanda büyümeleri için öncülük etmenizi tavsiye ediyorum.

Bölüm 5

Ergenlik Çağından Sonra Ölen Çocuklar için Cezalar

1. Cezanın İlk Seviyesi
2. Cezanın İkinci Seviyesi
3. Firavun'un Cezası
4. Cezanın Üçüncü Seviyesi
5. Vali Pilatus'un Cezası
6. İsrail'in İlk Kralı Saul'un Cezası
7. Yahuda İskariot'un Dördüncü Seviyede ki cezası

"Görkemin de çenklerinin sesi de Ölüler diyarına indirildi. Altında kurtlar kaynaşacak, Üstünü kurtçuklar kaplayacak."
- Yeşaya 14:11 -

"Bir bulutun dağılıp gitmesi gibi, Ölüler diyarına inen bir daha çıkmaz."
- Eyüp 7:9 -

Göklere giren herkes, bu hayatta yapmış oldukları eylemelere göre farklı ödül ve görkemler alırlar. Diğer taraftan bu hayatta kötü eylemlerde bulunmuş bireylere de aşağı ölüler diyarının farklı cezaları uygulanır. Cehennemde ki insanlar muazzam sonsuz acılar çekerler ve çektikleri acı ve azabın şiddeti, her birinin bu dünyada yapmış olduğu eylemlerin niteliğine göre farklılık gösterir. Sonunda kendini göksel egemenlik veya cehennemde bulmuş insan, ektiklerini biçecektir.

Ne kadar çok günah işlediyseniz, cehennemin o kadar derin kısmına gidersiniz ve günahlarınız ne kadar ağırsa, cehennemde ki acınız da o kadar azap verici olacaktır. Bir kişinin Tanrı'nın yüreğine karşı oluşuna, yani kişinin Lusifer'in günahkâr doğasını yansıttığı ölçüye bağlı olarak, cezaların şiddeti belirlenir.

Galatyalılar 6:7-8 bize şöyle der, *"Aldanmayın, Tanrı alaya alınmaz. İnsan ne ekerse onu biçer. Kendi benliğine eken, benlikten ölüm biçecektir. Ruh'a eken, Ruh'tan sonsuz yaşam biçecektir."* Bu şekilde, kesinlikle ne ektiyseniz onu biçeceksiniz.

Ergenlik çağını geride bıraktıktan sonra ölen kişileri aşağı ölüler diyarında ne tip cezalar bekler? Bu bölümde, bu yaşamda yapmış oldukları eylemlere göre aşağı ölüler diyarında ruhların üzerlerine yüklenen cezaları dört seviyede açıklayacağım. Bir ek bilgi olarak lütfen grafik detaylar sunamayacağımı anlayın çünkü bu sizin hissettiğiniz korkuya aşırı bir yük bindirebilir.

1. Cezanın İlk Seviyesi

Bazı ruhlar, yeryüzü kumsal ve çöllerinden yedi kat daha

Cehennem

sıcak olan kumlar üzerinde ayakta durmaya zorlanır. Acıdan kaçamazlar çünkü büyük bir çölün ortasına terkedilmiş gibidirler. Sıcak bir yaz günü hiç alev alev yanan kumların üzerinde yürüdünüz mü? Sıcak ve güneşli bir yaz günü çıplak ayakla on veya on beş dakika bile kumsalda yürümeye dayanamazsınız. Dünyanın tropikal bölgelerinde ki kumlar, hatta çok daha sıcaktır. Aşağı ölüler diyarında ki kumların bu dünyanın en sıcak kumlarından yedi kez daha sıcak olduğunu aklınızda tutun.

Kutsal topraklara yaptığım hac ziyaretinde, araca binmek yerine ölü deniz yolunda ki asfalt yolda yürümeyi seçtim Bana seyahatimde eşlik eden iki hacı adayıyla hızla koşmaya başladık. Önceleri hiçbir acı yoktu ama yarı yola ulaştığımda tüm ayak tabanımda yanıyor hissini duyumsuyordum. Bu acıdan kaçmaya çalışsak bile, gidecek bir yer yoktu. Yolun iki yanında tıpkı burası gibi sıcak olan çakıl taşlarından meydana gelmiş alanlar vardı.

Ayaklarımızı soğuk suya sokabileceğimiz yolun sonunda ki havuza koşmaya başladık. Şükür ki hiç birimiz yanmamıştık. Bu koşu on dakika kadar sürmüştü ama dayanılmaz acılara bizi maruz bırakacak kadar yeterliydi. Yeryüzünün bu kumlarından yedi kat daha sıcak olan kumların üzerinde sonsuza dek duracağınızı hayal edin. Kumlar ne kadar dayanılmaz sıcak olsalar da, bu cezayı indirmek ya da sonlandırmak mümkün değildir. Ancak bu, aşağı ölüler diyarında ki en hafif cezadır.

Farklı bir yolla cezalandırılan bir başka ruh vardır. Ateşten kıpkırmızı kesilmiş büyük bir kayanın üzerine yatırılmıştır ve cezası sonu gelmeyecek bir şekilde bu kayanın üzerinde kavrulmaktır. Bu sahne, pişirilen et ve cızırdayan ızgarayı anımsatır. Sonra aynı şekilde ateşten kıpkırmızı kesilmiş bir başka kaya bu canın üzerine onu ve orada olan her şeyi ezecek şekilde bırakılır. Aklınıza ütülediğiniz bir giysiyi getirin. Ütü masası canın yatırıldığı kaya, giysi ise cezalandırılan can olsun. Ütünün kendisi ise ezip geçen ikinci kayadır.

Sıcaklık, işkencenin bir parçası ve bedenin ezilmesi ise diğer parçasıdır. Kayalar arasında kalmanın baskısı sonucu eklemler parçalara ayrılır. Kuvvet öylesine güçlüdür ki kaburga kemikleri ve iç organları paramparça olur. Kafatası ezilir, göz küreleri yerinden çıkar ve kafatasından tüm sıvı dışarı fışkırır.

Bu azap nasıl anlatılabilir? Fiziksel şekilden yoksun bir can olmasına rağmen, tıpkı dünyada yaşarken hissettiği şekilde muazzam acılar hisseder. Ebedi azabın içindedir. İşkence gören diğer canların çığlıkları arasında kendi korku ve dehşetinin içine kıstırılmış bu ruh, "Bu işkenceden nasıl kaçabilirim?" diyerek inler.

2. Cezanın İkinci Seviyesi

Luka 16:19-31 ayetlerinde okuduğumuz zengin adamla Lazar'ın hikâyesi yoluyla aşağı ölüler diyarının perişanlığının bir nebze anlayabiliriz. Kutsal Ruh'un gücüyle, aşağı ölüler diyarında azap çeken bir adamın yakarışlarını duydum. Aşağıda ki itirafnameleri dinleyerek ruhani uykunuzdan uyanmanız için dua ediyorum.

Oraya, buraya çekilirim
ama sonu yok.
Koşar dururum ama sonu yok.

Cehennem

Saklanacak tek bir yer bulamam.
Kötü kokuyla dolu bu yerde
derim soyulur.
Böcekler, bedenimi kemirir.
Onlardan kaçıp kurtulmaya çalışırım
ama yine de hep aynı yerde kalırım.
Hala bedenimi yer, kanımı emerler.
Dehşet ve korkuyla titrerim.
Ne yapacağım?

Lütfen, sana yalvarıyorum.
Bana neler olduğunu insanlara anlat.
Çektiğim azabı anlat ki
sonları burada bitmesin.
Ne yapacağımı gerçekten bilmiyorum.
Büyük dehşet ve korku içinde
sadece inleyebilirim.
Sığınacak yer aramak faydasız!
Sırtımı bereliyorlar.
Kollarımı ısırıyorlar.
Derimi soyuyorlar.
Kaslarımı yiyorlar.
Kanımı emiyorlar.
Bunlar sona erdiğinde
ateş gölüne atılacağım.
Ne yapabilirim?
Ne yapacağım?

Her ne kadar İsa'ya Kurtarıcım olarak
inanmamış olsam da, iyi vicdanlı bir adam
olduğumu düşündüm, ta ki aşağı ölüler diyarına atılana kadar.
Şimdi fark ediyorum ki çok günah işlemişim!
Şimdi sadece yaptıklarım için
pişmanlık duyabilirim.
Lütfen insanların benim durumuma
düşmeyeceklerinden emin ol!
Burada ki pek çok insan
yaşarlarken iyi hayat sürdüklerine inanıyorlardı.
Ancak hepsi burada.
İnandıklarını duyuran ve
Tanrı'nın iradesine göre yaşadıklarını
düşünenlerde burada ve onlar
benden daha kötü işkence görüyorlar.

Sadece bir an için bile olsa
çektiğim acıları unutmak için
bayılmayı isterdim ama bayılamam.
Gözlerimi kapasam bile dinlenemem.
Gözlerimi açtığımda
Hiç bir şey göremem ve somut hiç bir şey yoktur.
Oraya, buraya koşmama rağmen
hala aynı yerdeyim.
Ne yapabilirim?
Ne yapacağım?
Benim adımlarımı kimsenin izlemeyeceğini
sağlaman için sana yalvarıyorum.

Aşağı ölüler diyarında ki diğer ruhlara kıyasla bu ruh nispeten iyi bir ruhtur. Kendisine neler olduğunu diğer insanlar bilsinler diye Tanrı'ya dua ediyor. Bu aşırı azap içinde dahi sonları cehennemde bitecek ruhlar için endişe duyar. Tıpkı bu azap yerine düşmemeleri için uyarılmasını isteyen zengin adam gibi, bu ruhta Tanrı'ya rica da bulunur (Luka 16).

Ancak aşağı ölüler diyarının üçüncü veya dördüncü seviyede ki cezalarına maruz kalanların içinde, bu iyilik yoktur. Dolayısıyla Tanrı'ya meydan okur ve acımaksızın diğerlerini suçlarlar.

3. Firavun'un Cezası

Musa'ya karşı çıkan Mısır'ın kralı Firavun, ikinci seviyede ceza alır ama onun aldığı cezanın seviyesi üçüncü seviyede ki ceza ile sınır teşkil eder.

Böyle bir cezayı hak etmek için Firavun bu dünyada ki yaşamında nasıl bir kötülük yapmıştır? Niçin aşağı ölüler diyarına gönderilmiştir?

İsrailliler, köleler olarak baskı altında olduğu zaman Musa, Tanrı tarafından Ulusunu Mısır'dan çıkarması ve Kenan diyarına götürmesi için çağırılmıştı. Musa, Firavuna gitmiş ve İsraillilerin Mısır'ı terk etmesine izin vermesini istemişti. İsraillilerin zoraki işçiliğinin değerini bilen Firavun bunu reddetmişti.

Tanrı, Musa yoluyla Firavun'un bakanlarının ve insanlarının üzerine on belayı göndermişti. Nil nehrinin suları kana dönüşmüş, kurbağalar, sivrisinekler ve atsinekleri tüm ülkeyi kaplamıştı. Bunlara ek olarak Firavun ve halkı hayvanlarının ölümünden, çıban, dolu, çekirge ve karanlık belalarından çekmişlerdi. Başlarına bir bela geldiği her vakit, Firavun, sadece bu belaları önlemek için İsraillilerin gitmesine izin vereceği konusunda Musa'ya söz vermişti. Ama her seferinde Firavun sözünü tutmamış ve Musa'nın ölümcül belaları geri çekmesi için Tanrı'ya her dua edişinden sonra mütemadiyen yüreğini katılaştırmıştı. Sonunda tahtında oturan firavunun ilk çocuğundan, değirmendeki kadın kölenin ilk çocuğuna kadar, hayvanlar dâhil Mısır'daki bütün ilk doğanlar öldürülmeye başlayınca Firavun İsraillilerin gitmesine izin verdi.

Ancak bu son beladan hemen sonra Firavun yine fikrini değiştirdi. Ordusuyla birlikte Kızıldeniz'in orada kamp kuran İsraillilerin peşine düştü. Korku içinde ki İsrailliler Tanrı'ya yalvardı. Musa, elinde ki asayı kaldırıp Kızıldeniz'in üzerine tuttu. O anda bir mucize gerçekleşti. Kızıldeniz, Tanrı'nın gücüyle ikiye ayrıldı. İsrailliler kuru toprak üzerinden karşıya geçtiler ve Mısırlılarda onları izlediler. Kızıldeniz'in karşı yakasına geçen Musa, asasını tekrar denizin üzerinde kaldırdığında, *"Geri dönen sular savaş arabalarını, atlıları, İsrailliler'in peşinden denize dalan firavunun bütün ordusunu yuttu. Onlardan bir kişi bile sağ kalmadı"* (Mısır'dan Çıkış 14:28).

Kutsal Kitap'ta iyi bir doğaları olan yumuşak kalpli pek çok kral Tanrı'ya inanmış ve ibadet etmiştir. Ancak Tanrı'nın gücüne on kere şahit olan Firavun'un katı bir yüreği vardı. Bunun bir sonucu olarak Firavun, tahtının varisini, ordusunu kaybetti ve ulusunun yoksullaşmasına sebep oldu.

Son zamanlarda insanlar kudretli Tanrı ile ilgili şeyler duyar ve doğrudan O'nun gücüne tanık olurlar. Ancak kalplerini Firavun gibi katılaştırırlar. İsa'yı kişisel Kurtarıcı olarak kabul etmezler. Dahası, günahlarından tövbe etmeyi reddederler. Şu anda yaşadıkları şekilde yaşamaya devam ettikleri takdirde onlara neler olacak? Kaçınılmaz olarak aşağı ölüler diyarında ki Firavun ile aynı seviyede cezalara maruz kalacaklar.

Aşağı ölüler diyarında ki Firavun'a neler oluyor?

Atık suyun içine hapsedilmiş firavun

Firavun, pis kokuyla dolu atık sudan bir havuzun içine atılmıştır. Bedeni havuza sıkıca bağlanmıştır. Dolayısıyla hareket edemez. Yalnız değildir. Yanında aynı derecede günah işlemiş ruhlarda bulunmaktadır.

Bir kral olduğu gerçeği, aşağı ölüler diyarında ona hiçbir imtiyaz sağlamaz. Aksine güçlü ve azametli konumda olduğundan, başkaları tarafından hizmet edildiğinden ve bollukla dolu bir hayat yaşadığından, cehennemin elçileri onunla alay eder ve daha şiddetli işkenceler ederler.

Firavun'un içine atıldığı havuz, salt atık sudan ibaret değildir. Hiç kirlenmiş ve çürümüş su kütlesi veya lağım gördünüz mü? Peki ya gemilerin çekildiği limanlar? Böyle yerler gaz, çöp ve leş kokusuyla doludur. Böylesi yerlerde yaşam olması imkânsız görünür. Eğer parmağınızı batırmak zorunda kalırsanız, su da ki tüm tiksinti uyandırıcı şeyler yüzünden cildinize mikrop vs. bulaşacağından endişe duyarsınız.

Firavun kendini böyle bir hapishanede bulur. İlaveten, bu

havuz, sayısız tüyler ürpertici böcekle de doludur. Kurtçuklara benzerler ama onlardan daha büyüktürler.

Böcekler, vücudun en dayanıksız bölümlerini kemirir

Bu böcekler, havuza hapis olmuş ruhlara yaklaşır ve onların vücutlarının en dayanıksız yerlerini kemirirler. Önce gözleri kemirir ve göz çukurlarından kafatasının içine girip beyni kemirmeye başlarlar. Bunun ne kadar acı verici olduğunu hayal edebiliyor musunuz? Sonunda baştan aşağı her şeyi kemirirler. Bu azabı ne ile mukayese edebiliriz?

Gözlerinize toz kaçması ne kadar acı verir? Gözlerinizi böceklerin kemirmesi ne kadar daha acı vericidir? Tüm vücudunuzu bu böceklerin delip geçmesinin verdiği acıya katlanabileceğinize inanıyor musunuz?

Şimdi farz edin ki bir iğne tırnağınızın içine batsın veya parmak uçlarınızı delsin. Bu böcekler, deriyi soymaya devam ederler ve kasları ta ki kemikler görününceye kadar kemirirler. Bu böcekler bir yerde durmaz. Hızla omuzlarınıza, kollarınıza, göğsünüze, karnınıza, bacak ve kaba etlerinize yayılır. Hapis halinde ki ruhlar, işkenceye ve işkenceye eşlik eden acıya katlanırlar.

Böcekler hiç durmadan iç organları kemirir

Kurtçukları gören pek çok kadın korkar ve onlara dokunmak istemez. Şimdi, mahkûm edilmiş canları ısıran böceklerin çok daha büyük ve tüyler ürpertici olduğunu hayal edin. Öncelikle böcekler onların bedenlerini karınlarına kadar delerler. Sonra onların iç organları ve bağırsaklarını kemirmeye başlarlar. Sonra beyin sıvılarını emerler. Tüm bu zaman boyunca ruhlar onlarla savaşamaz, hareket edemez veya bu korkunç böceklerden uzaklaşamaz.

Ruhlar, bedenlerinin çekilip ısırıldığını seyrederken, böcekler azar azar onların bedenlerini kemirmeye devam eder. Eğer bu tip bir işkenceyi sadece on dakika çekecek olsak çıldırırdık. Bu bedbaht yerde olan mahkûm canlardan biri de Tanrı'ya ve kulu Musa'ya meydan okuyan firavundur. Tam bir uyanıklık halinde, bedeninin kemirilmesine ve parçalanmasına canlı canlı şahit bu azap dolu acıyı çeker.

Böcekler bir kişinin vücudunu kemirdikten sonra bu işkencenin sonu mudur? Hayır. Kısa bir süre içersinde kemirilen ve parçalanan vücut eski haline döner ve böcekler tekrar canların vücutlarını kemirmek için akın eder. Bunun sonu yoktur. Acı kaybolmaz ve kişi işkenceye alışmaz. Dolayısıyla, duygusuzlaşır.

Ruhani dünya böyle çalışır. Göklerde Tanrı'nın çocukları bir ağacın meyvesinden yediklerinde, ağacın dalında hemen yeni bir meyve çıkar. Aynı şekilde aşağı ölüler diyarında da ne kadar çok bu böcekler sizin vücudunuzu kemirmiş olurlarsa olsunlar, bedeniniz parçalandıktan ve dağıldıktan sonra tekrar eski haline döner.

Hatta kişi dürüst ve vicdanlı bir hayat sürdürmüş olsa bile

Dürüst insanların arasında İsa'yı ve müjdeyi kabul etmeyi

istemeyen ya da kabullenmeyi seçmeyen insanlar vardır. Dışarıdan iyi ve asil görünürler ama gerçeğe göre ne iyi ne de asildirler.

Galatyalılar 2:16 ayeti bize şunu hatırlatır, *"Yine de insanın Kutsal Yasa'nın gereklerini yaparak değil, İsa Mesih'e iman ederek aklandığını biliyoruz. Bunun için biz de Yasa'nın gereklerini yaparak değil, Mesih'e iman ederek aklanalım diye Mesih İsa 'ya iman ettik. Çünkü hiç kimse Yasa'nın gereklerini yaparak aklanmaz."* Doğru insan, İsa Mesih'in adıyla kurtulan kişidir. Ancak o zaman İsa Mesih'e olan imanıyla tüm günahlarından bağışlanabilir. Dahası, İsa Mesih'e inanırsa, kesinlikle Tanrı'nın sözüne itaat eder.

Tanrı'nın kâinatı yaratmış olduğunun bolca kanıtına ve kulları yoluyla icra edilen harikalar ve gücüne rağmen, eğer bir kişi hala kudretli Tanrı'yı inkâr ediyorsa o kişi katı vicdanı olan kötü bir insandan başka bir şey değildir.

Kendi perspektifine göre dürüst bir hayat sürdürmüş olabilir. Ancak İsa'nın kişisel Kurtarıcısı olduğunu inkâr ediyorsa cehennem dışında gidebileceği hiçbir yer yoktur. Ancak benliğin tutkularını izlemeyi isteyerek günah işleyen kötü insanlara nazaran daha iyi ve dürüst hayat yaşamış olduklarından, aşağı ölüler diyarında ki birinci veya ikinci seviyede ki cezalara çarptırılacaklardır.

Bunların arasında müjdeyi kucaklama fırsatını yakalayamadan ölenler, eğer vicdanın yargısını geçemezlerse, pek çoğu birinci veya ikinci seviyede ki cezalara çarptırılırlar. Dolayısıyla aşağı ölüler diyarında üçüncü ya da dördüncü seviyede cezalara maruz kalan bir ruhun, diğerlerine nazaran çok daha fazla kötü ve şeytani olduğunu anlayabilirsiniz.

4. Cezanın Üçüncü Seviyesi

Üçüncü ve dördüncü seviyede ki cezalar, Tanrı'ya karşı olmuş, vicdanları dağlanmış, Kutsal Ruh'u karalamış ve O'na küfür etmiş ve ayrıca Tanrı'nın egemenliğinin kurulması ve genişlemesini engellemiş kişiler için ayrılmıştır. Ayrıca ellerinde hiçbir somut kanıt olmadan Tanrı'nın kiliselerini "sapkın" ilan eder ve üçüncü veya dördüncü seviyede cezalar alırlar.

Aşağı ölüler diyarının üçüncü seviyede ki cezalarının içine dalmadan önce, insanoğlunun işlediği çeşitli işkence türlerini inceleyelim.

İnsan eliyle yapılan zalim işkenceler

İnsan haklarının günlük konu olmasından ziyade daha çok bir fantezi olduğu zamanlarda, çeşitli işkencelerin ve infazlarında içinde olduğu sayısız bedeni cezalar tasarlanır ve uygulanırdı.

Örneğin Ortaçağ Avrupa'sında gardiyanlar suçluların itirafnamelerini almak için bodrum katına götürürlerdi. Suçlu götürülürken yerlerde kan izleri görür ve odaya girdiğinde işkence için çeşitli aletlerin hazır durum da olduğunu görürdü. Tüm bina içersinde kendisini bunaltan dayanılmaz çığlıkları duyardı.

En yaygın işkence yöntemlerinden biri, suçlunun (ya da işkence edilecek başka bir kişinin) el ve ayak parmaklarını küçük metalden bir kafesin içine konmasıydı. Sonra metal kafesler sıkıca gerilir ta ki el ve ayak parmakları ezilene kadar. Daha sonra ise el ya da ayak parmaklarının tırnakları metalden kafes gerildikçe teker teker çekilirdi.

Eğer suçlu tüm bunlardan sonra itiraf etmediyse, kolları geriye doğru ve bedeni her yönde bükülmüş şekilde havaya asılırdı. Ek olarak bedeni yukarı kaldırılıp yere bırakılarak acısına acı katılırdı. En kötüsü ise, hala havada asılı dururken suçlunun ayak bileklerine ağır bir demirin bağlanmasıydı. Demirin ağırlığı, suçlunun bedeninde ki tüm kas ve kemikleri kopartmak için yeterliydi. Eğer suçlu hala itiraf etmemiş ise, daha dehşet verici işkence yöntemleri kullanılırdı.

Suçlu, özellikle işkence için tasarlanmış bir sandalyeye oturtulurdu. Sandalyenin üzerinde, sırt bölümünde ve bacaklarında küçük ve yoğun bir şekilde konulmuş delgiler olurdu. Bu korkunç objeleri gören suçlu kaçmaya çalışır ama kendisinden daha iri ve güçlü gardiyanlar tarafından tutularak zorla sandalyeye oturtulurdu. Sandalyeye oturur oturmaz suçlu bedenini delip geçen delgileri hissederdi.

Diğer bir işkence yöntemi ise, suçluyu baş aşağı asmaktı. Böyle asılı bir şekilde bir saat kaldıktan sonra kan yön değiştirir ve beyninde ki kan damarları çatlar. Bundan sonra suçlunun gözlerinden, burnundan ve kulaklarından kan fışkırırdı. Suçlu artık ne görebilir, ne koku alabilir ne de duyabilirdi.

Bazen ise suçlunun boyun eğmesi için ateş kullanılırdı. Gardiyan suçluya yanan bir mum ile yaklaşırdı. Mumu, suçlunun koltuk altına veya ayak tabanına tutardı. Bedenin en duyarlı kısmı olduğundan koltuk altları yanardı. Ayak tabanlarının yanmasının ardından gelen acı ise çok uzun sürerdi.

Bazı zamanlar ise suçlu, çıplak ayaklarına kızdırılmış demir botlar giymeye zorlanırdı. Sonra ise işkenceci hassaslaşmış deriyi koparır ya da suçlunun dilini keser veya damağını kızgın demir maşalarla dağlardı. Eğer suçlu ölüm cezasına çarptırılmış ise, bedeni paramparça etmek için tasarlanmış tekerlek misali bir çarkın içine atılırdı. Hızlı dönen bu çarkın içinde suçlu hala hayattayken ve şuuru yerindeyken bedeni parçalara ayrılırdı. Bazen ise erimiş kurşun, burun ve kulak deliklerinden dökülerek infaz gerçekleştirilirdi.

İşkencenin verdiği ıstıraba katlanamayacaklarını bilen pek çok suçlu, hızlı ve acısız ölüm için işkencecilere ve gardiyanlara rüşvet verirdi.

Bunlar, insanoğlu tarafından tasarlanıp uygulanmış işkence yöntemlerinden bazılarıdır. Bunların şöyle bir hayali bile zihinsel dünyalarımızda bizi dehşet içinde bırakmaya yeterlidir. Dolayısıyla, Lusifer'in sıkı liderliği altında olan cehennemin elçilerinin gerçekleştirdiği işkencelerin, insanoğlunun tasarladığı işkence yöntemlerinden çok daha fazla ıstırap verici olduğunu anlayabilirsiniz. Bu cehennem elçilerin de merhamet yoktur ve aşağı ölüler diyarında dehşet içinde ağlayıp yakaran canlar onları memnun eder. Her zaman bu canlara uygulayacakları en zalim ve en acı veren işkence tekniklerini bulmaya çabalarlar.

Cehenneme gitmeyi göze alabilir misiniz? Sevdiklerinizin, aileniz ve dostlarınızı cehennemde görmeyi göze alabilir misiniz? Müjdeyi yaymak ve duyurmak, bir kişiyi dahi olsa cehenneme düşmekten kurtarmak tüm Hristiyanların vazifesidir.

Öyleyse tam anlamıyla üçüncü seviyede ki cezalar nelerdir?

i) Cehennemin elçileri korkunç görünümlü domuz maskeleri takarlar

Aşağı ölüler diyarında ki bir can ağaca bağlanmış ve bedeni azar azar küçük parçalara kesilmektedir. Belki de bunu sasimi hazırlamak için kesilen balıkla mukayese edebilirsiniz. Çirkin ve ürkütücü bir domuz maskesi giyen cehennemin elçisi, işkence için gerekli olan tüm araçları hazırlar. Küçük bir bıçaktan baltaya kadar bu araçlar geniş bir çeşitlilik gösterir. Sonra cehennem elçisi bu araçları bir taşla biler. Bu araçların keskinleştirilmeye ihtiyacı yoktur çünkü aşağı ölüler diyarında ki tüm aletlerin uçları olabildiğince keskindir. Bilemenin arkasında yatan amaç, işkenceyi beklemekte olan ruhu daha da korkutmaktır.

Parmak uçlarından başlayarak bedeni kesme

Canlar, bu aletlerin birbirine çarparak çıkardığı sesleri duyduğunda ve cehennem bekçileri ürkütücü bir gülümsemeyle kendilerine yaklaştığında, nasıl da korku dolu ve dehşete düşmüş olmalılar.

'Bu bıçak birazdan bedenimi parçalayacak...
Bu balta birazdan eklemlerimi kesecek...
Ne yapacağım?
Bu acıya nasıl katlanacağım?'

Neredeyse korkunun kendisini onu boğmak üzeredir. Ruh, sürekli kendine bir ağaca sıkı sıkı bağlandığını ve hareket edemeyeceğini söyler durur ve hatta ipin kendisi bile bedenini kesiyormuş gibi hissettirir. Ağaçtan ne kadar çok kaçmaya çalışırsa, bedenine bağlanan ipte o kadar çok sıkılaşır. Cehennem elçisi ona yaklaşır ve parmak uçlarından başlayarak bedenini doğramaya başlar. Kan ile kaplı et parçaları yere düşer. Tırnakları çıkarılır ve kısa bir süre sonra da parmakları kesilir. Elçi, parmaklarından başlayarak el bileği ve kollarını keserek devam eder. Kollarından geriye kemikleri kalır. Daha sonra ise elçi, onun baldır ve uyluklarına yönelir.

İç organlar ortaya çıkana kadar

Cehennem elçisi karnını kesmeye başlar. Bağırsakları göründüğünde bu organları çekip dışarı atar. Keskin aletlerle diğer organları da alır ve deşmeye devam eder.

Bu zamana kadar ruh uyanıktır ve tüm süreci izlemektedir. Bedeni deşilmiş, bağırsakları çıkarılmıştır. Birinin sizi bağladığını, ellerinizden başlayarak vücudunuzu kestiğini hayal edin. Bıçak size dokunduğu anda kan anında akar ve acı çekiş başlar. Hiçbir kelime sizin korkularınızı anlatmaya yetmez. Aşağı ölüler diyarında ki bu üçüncü seviyede ki cezayı aldığınızda, sadece bedeniniz değil ama tüm deriniz ve iç organlarınız baştan aşağıya teker teker çekilir.

Tekrar aklınıza Japon çiğ balık yemeği sasimiyi getirin. Aşçı, kemiklerle eti ayırır. Sonra ise eti olabildiğince ince kesmeye başlar. Bu yemek, canlı bir balık şeklinde sunulur. Balık hala canlıymış gibi görünür ve solungaçlarının hareket ettiğini görebilirsiniz. Lokantada ki aşçının balığa merhameti yoktur çünkü eğer olsaydı işini kaybederdi.

Lütfen ebeveynleriniz, eşiniz, akrabalarınız ve dostlarınız için dua edin. Eğer kurtulamaz ve cehenneme giderlerse, cehennemin merhametsiz elçileri tarafından derileri yüzülür ve kemikleri kazınır. Müjdeyi yaymak biz Hristiyanların vazifesidir çünkü Yargı Gününde Tanrı, göksel egemenliğe getiremediğimiz her can için bizi sorumlu tutacaktır.

Canın gözüne delgi saplama

Cehennem elçisi bu kez bir bıçak yerine delgi elinde tutar. Can, başına neler geleceğini zaten bilmektedir çünkü bu acıya ilk kez katlanmıyordur. Aşağı ölüler diyarına ilk geldiği günden beri bu şekilde binlerce kez işkence görmüştür. Cehennem elçileri cana yaklaşır, delgiyi gözüne saplar ve delgi aletini bir süre için göz küresinin içinde bırakır. Delgi aletinin yavaş yavaş kendine yaklaştığını gören can nasıl büyük bir korku içinde olmalıdır? Göze delginin girmesinin verdiği acı kelimelerle anlatılamaz.

Peki, bu işkencenin sonu mudur? Hayır. İşkence gören canın yüzü kalır. Cehennem elçisi şimdi yanaklarını, burnunu, alnını ve yüzünde geriye kalan her şeyi keser. Ruhun kulaklarından, dudaklarından ve boynundan deriyi kesmeyi unutmaz. Yavaş yavaş kesilen boyun, gövdeden düşene kadar incelir. Böylece işkencenin bir evresi tamamlanmış olur ama işkencenin bitimi sadece ikincisinin başlangıcını haber verir.

Hatta kişi çığlık atıp ağlayamaz bile

Kısa bir süre içersinde kesilen bedeni hiç bir şey olmamış gibi eski haline döner. Beden kendini yenilerken, acının ve azabın geçtiği kısa bir süre vardır. Ancak bu kısa sürelik ara, kendisini bekleyen işkenceleri hatırlatır ve kısa bir süre içersinde kontrolsüz bir korkuyla titremeye başlar. İşkenceyi beklerken, bileme sesi tekrar duyulur. Zaman zaman tiksindirici domuz maskesi giyen cehennem elçisi tüyler ürpertici bir sırıtışla gülümser. Elçi, yeniden işkenceye başlamak için hazırdır. Istırap verici işkenceler sil baştan başlar. Buna katlanabileceğinizi düşünüyor musunuz? Vücudunuzun hiçbir kısmı bu işkencelere ve sürekli acılara karşı asla hissizleşmeyecektir. Ne kadar çok işkence görürseniz o kadar acı çekeceksiniz.

İşkence edilmek üzere olan gözetim altında ki bir şüpheli veya suçlu, kendisini bekleyenin sadece kısa bir süre süreceğini bilir ama güçlü bir korkuyla hala titre ve ürperir. Öyleyse cehennemin elçisinin yüzünde çirkin domuz maskesiyle ve ellerinde birbirine çarptığı çeşitli aletlerle yanınıza yaklaştığını farz edin. Sonu gelmeyen işkenceyle bedeniniz kesilecek, iç organlarınız çekilecek, gözleriniz delinecek ve pek çoğu bunları izleyecektir.

Bu sebeple aşağı ölüler diyarında ki bir can, çığlık atamaz ya da hayatı için merhamet ve daha az zalimlik için elçilere yalvaramaz. Diğer canların feryatları, merhamet için yakarışları ve işkence aletlerinin birbirine çarparak çıkardığı sesler, canı çevreler. Cehennem elçisini görür görmez, tek bir ses edemeden yüzü solgunlaşır. Dahası, zamanın sonunda Büyük Beyaz Tahtın Yargısından sonra ateşten göle atılana kadar çekeceği işkencelerden kendini kurtaramayacağını zaten bilir (Vahiy 20:11). Merhametlik zaten var olan acıya eklenir.

ii) Bir balon gibi vücudu şişirme cezası

Birazcık vicdanı olan biri, bir başkasının hislerini incittiğinde suçlu hisseder. Veyahut geçmişte birinden ne kadar nefret etmiş olursa olsun, eğer o nefret ettiği kişiyi perperişan bir halde bulursa, nefret duygusu bir süre için yitip gider ve yerini acıma duygusu alır.

Ancak bir kişinin vicdanı sıcak demirle dağlanmış ise, diğerlerinin acısına tamamen duyarsızdır ve kendi koyduğu hedeflerde başarılı olabilmek için, daha da kötü canavarlıklar işlemeye gönüllüdür.

Süprüntü muamelesi gören insanlar

İkinci Dünya Savaşı esnasında Nazi yönetimi altında ki Almanya, Japonya, İtalya ve diğer ülkelerde sayısız insan canlı canlı korkunç ve gizli deneylerin denekleri olarak kullanılmıştır. Aslında bu insanlar, farelerin, tavşanların ve diğer denek hayvanlarının yerini almışlardır.

Örneğin, sağlıklı bir bireyin çeşitli zararlı maddeler nasıl karşılık vereceğini, bunlarla ne kadar savaşacağı ve çeşitli hastalıklara ne tip belirtilerin eşlik edeceğini keşfetmek için kanser hücreleri ve diğer virüsleri bulaştırmışlardır. En doğru bilgiyi edinmek için, sıklıkla canlı bir insanın karnını veya kafatasını kesmişlerdir. Ortalama bir insanın aşırı soğuk ya da sıcağa nasıl karşılık verdiğini belirlemek için, hızla bir odanın ısısını düşürmüş ya da deneklerin kaldığı suyla dolu konteynerin ısını yükseltmişlerdir.

Bu "denekler," amaçlarına hizmet ettikten sonra, ıstırap içinde ölmeye terk edilmişlerdir. Onların değerlerine veya ıstıraplarına pek önem vermemişlerdir.

Kötü ün salmış bu deneylerin denekleri olan pek çok savaş esiri veya diğer güçsüz insanlar için, bedenlerinin iradeleri dışında kullanılarak kesilmesi, ölümcül hücre ve virüslerin bulaştırılması ve kendi ölümlerine seyirci kalmaları nasılda acı dolu ve korkunç olmalıydı?

Ancak aşağı ölüler diyarında ki canlar, bu güne dek yaşayan insanların üzerlerinde yapılan deneylerden çok daha gaddar cezalandırma yöntemleriyle karşılaşırlar. Kadın ve erkek, Tanrı'nın sureti ve benzerliğinde yaratıldığı gibi, asalet ve değerlerini kaybeden canlar, aşağı ölüler diyarında süprüntü muamelesi görür.

Nasıl bizler süprüntülere acıma duygusu duymuyorsak, cehennem elçileri de ne bu canlara acıma duyar ne de onlar için merhamet ederler. Cehennem elçileri, onlar için suçluluk duygusu duymaz ya da onlara üzülmezler. Hiçbir ceza asla yeterli değildir.

Kemikler paramparça olur, deriler çatlar

Bu sebeple, cehennem elçileri bu canları sadece oyuncak olarak görürler. Onların bedenlerini şişirir ve tekmeleyerek birbirlerine çarpmasını sağlarlar.

Bu manzarayı hayal etmek zordur: Bir insanın uzun ve düz bedeni nasıl bir balon gibi şişirilebilir? İçinde ki organlara ne olur?

İç organları ve ciğerleri şiştiğinde, bu organları koruyan eklemler ve omurgalar bir bir paramparça olur. Tüm bunların üzerinde ise gerilen derinin azap verdiği acıdır.

Cehennem elçileri, aşağı ölüler diyarının kurtulmamış canlarıyla böyle oynarlar ve onlardan sıkıldıkları zaman, keskin mızraklarla karınlarını patlatırlar. Tıpkı şişmiş bir balon patladığında kauçuğun bin bir parçaya ayrılması gibi, kan ve deri parçaları her yöne patlayarak dağılır.

Ancak kısa bir süre sonra bu bedenler tekrar eski haline döner ve cezanın başladığı ilk yere geri getirilir.

Bu ne kadar gaddarcadır? Yeryüzünde yaşadıkları zamanlar, bu canları seven insanlar, tadını çıkardıkları sosyal bir statüleri vardı ve en azından temel insan haklarını talep edebiliyorlardı.

Bir kere aşağı ölüler diyarına girdiler mi talep edecekleri hiçbir hak kalmaz ve toprakta ki taştan farksız bir muamele görürler. Var oluşlarının hiçbir değeri yoktur.

Vaiz 12:13-14 bize şunu hatırlatır:

"Her şey duyuldu, sonuç şu: Tanrı'ya saygı göster, buyruklarını yerine getir, Çünkü her insanın görevi budur. Tanrı her işi, her gizli şeyi yargılayacaktır, İster iyi ister kötü olsun."

Bunun gibi, Tanrı'nın yargısına göre bu canlar, cehennem elçilerinin oyun oynadığı basit oyuncaklara dönüşmüşlerdir.

Bu yüzden, Tanrı'dan korkmak ve O'nun emirlerini uygulamak olan insani vazifelerimizi yerine getirmekte başarısız olursak, Tanrı'nın suretini ve benzerliğini yansıtan değerli canlar olmaktan çıkacağımızı ve aşağı ölüler diyarında en gaddar cezalara tabi olacağımızı bilmeliyiz.

5. Vali Pilatus'un Cezası

İsa öldüğünde Pilatus, bu günün Filistin bölgesi olan Yahuda'da valiydi. Aşağı ölüler diyarına ayak bastığından bu yana, kırbaçlanmak olan üçüncü seviyede ki cezayı almaktadır. Vali Pilatus'un işkence görmesinin sebebi nedir?

İsa'nın doğruluğunu bilmesine rağmen

Pilatus, Yahuda'nın valisi olduğundan, İsa'yı çarmıha germek için onun izni gerekliydi. Romalı bir vali olarak Pilatus, tüm bölgeden sorumluydu ve kendisi için tüm bölgede faaliyet gösteren casusları vardı. Dolayısıyla Pilatus, İsa'nın gerçekleştirdiği sayısız mucizeden, sevgi mesajından, hastaları iyileştirmesinden, Tanrı'yı duyurmasından ve İsa ile aynı bölgede yaşamış olmasından dolayı tüm bölgede müjdeyi duyurmasından haberdardı. Dahası, casuslarının sunduğu raporlardan Pilatus O'nun iyi ve masum bir adam olduğunu biliyordu.

Pilatus, kıskançlıklarından dolayı Yahudilerin O'nu

öldürmeye can attığını biliyordu ve İsa'yı serbest bırakmak için her türlü çabayı gösterdi. Ancak Yahudilere kulak vermediği takdirde tüm bölgede sosyal bir kargaşa meydana geleceğine ikna olmuştu ve sonunda Yahudilerin isteği üzerine çarmıha gerilmek üzere İsa'yı teslim etti. Eğer Pilatus'un yetki bölgesinde bir kargaşa çıkmış olsaydı, bunun getireceği ağır sorumluluk kesinlikle Pilatus'un kendi hayatına mal olabilirdi.

Sonunda Pilatus'un korkak vicdanı, ölümden sonra gideceği yeri belirledi. Çarmıha gerilmesinden önce Pilatus'un emriyle Romalı askerlerin İsa'yı kırbaçladığı şekilde Pilatus'da cehennem elçilerinin elinde sonu gelmez kırbaçlanma cezasına çarptırıldı.

İsmi her çağrıldığında Pilatus kırbaçlanır

İsa, böyle kırbaçlanmıştı. Kırbaç, deriden bir kayışın ucuna takılmış demir parçaları veya kemiklerden meydana geliyordu. Her vuruşta, kırbaç İsa'nın bedenini sarmalıyor ve kırbacın ucunda ki metal ve kemik parçaları bedenini deliyordu. Kısa sürede kırbacın çarptığı beden, geride büyük ve derin yaralar bırakarak soyulmuştu.

Aynı şekilde yeryüzünde ne zaman Pilatus'un ismi ağza alınsa cehennem elçileri onu aşağı ölüler diyarında kırbaçlarlar. Hemen her Pazar ayininde pek çok Hristiyan "Elçilerin İman Açıklaması" duasını okurlar. Ne zaman "Pilatus zamanında acı çekerek çarmıha gerildi." Bölümü okunsa, Pilatus, kırbaçlanır. Yüzlerce ve binlerce kişi, aynı anda onun adını birlikte dile getirdikleri zaman, kırbaçlanma oranı ve her vuruşun gücü muazzam bir şekilde artar. Bazı zamanlar cehennem elçileri bir araya gelerek Pilatus'u kırbaçlamakta birbirlerine yardım ederler.

Her ne kadar Pilatus'un bedeni parçalara ayrılıp kanla kaplansa da, cehennem elçileri sanki birbirleriyle yarışıyormuş gibi onu kırbaçlarlar. Kırbaçlanma, Pilatus'un bedenini parçalar, kemiklerin ortaya çıkmasına neden olur ve beynini çıkarır.

Dili daimi olarak çıkarılır

İşkence gördüğü esnada Pilatus, "Lütfen adımı telaffuz etmeyin! Ettiğiniz her an acı çekiyorum." diye haykırır. Ancak ağzından hiçbir ses duyulmaz. Dili kesilmiştir çünkü aynı dil, İsa'nın çarmıha gerilmesi hükmünü vermiştir. Acı içinde olduğunuz zaman birazcık olsun çığlık atma ya da bağırma yardım eder. Pilatus için böyle bir seçenek yoktur.

Pilatus ile ilgili farklı bir durum vardır. Aşağı ölüler diyarında diğer hüküm giymiş ruhların bedenleri parçalandıktan, kesildikten ya da yandıktan sonra kendini yeniler. Ancak Pilatus'un dili, bir lanet sembolü olarak ebediyen kesilmiştir. Her ne kadar Pilatus, isminin telaffuz edilmemesi için insanlara yalvarıyor olsa da bu durum Yargı Gününe kadar sürecektir. İsmi ne kadar çok telaffuz edilirse, çektiği acılar o kadar ağır olacaktır.

Pilatus kasıtlı olarak günah işledi

Pilatus, İsa'yı çarmıha gerilmek üzere teslim ettiğinde, kalabalığın önünde ellerini yıkayıp şöyle dedi, *"Bu adamın kanından ben sorumlu değilim. Bu işe siz bakın!"* (Matta 27:24). Buna bir cevap olarak İsa'yı şimdi öncekinden çok daha fazla öldürmek isteyen Yahudiler, Pilatus'u şöyle cevapladılar, *"O'nun kanının sorumluluğu bizim ve çocuklarımızın üzerinde olsun!"* (Matta 27:25)

İsa, çarmıha gerildikten sonra Yahudilere ne oldu? Yeruşalim Kenti MS 70 senesinde Romalı General Titus tarafından işgal ve yok edildiğinde, katlettiler. O zamandan sonra tüm dünyaya yayılıp yaşadıkları ülkelerde baskı altında hayatlarını sürdürdüler. İkinci Dünya Savaşından sonra, Avrupa'da zorla konsantrasyon kamplarına sürüldüler. Altı milyondan fazla Yahudi gaz odalarında öldürüldü ya da feci şekilde katledildi. 1948 senesinde bağımsızlığını kazandıktan sonra ki elli sene boyunca, İsrail devleti sürekli tehditlerle, nefretle ve Orta Doğu'da ki komşularından askeri düşmanlığıyla karşılaşmıştır.

Yahudiler, "O'nun kanının sorumluluğu bizim ve çocuklarımızın üzerinde olsun!" taleplerinin cezasını çekmiş olmalarına rağmen, Pilatus'un cezası indirilecek demek değildir. Günah işlememek için yığınla fırsatı vardı ama yine de günah işledi. Hatta bir rüyayla uyarılan eşi bile İsa'yı öldürmemesi için ona ısrar etmişti. Kendi vicdanını ve eşinin tavsiyelerini önemseyerek Pilatus, İsa'nın çarmıha gerilmesi hükmünü verdi. Neticede aşağı ölüler diyarında üçüncü seviyede ki cezayı çekmeye mahkûm oldu.

Hatta bu gün bile suç olduğunu bile bile insanlar suç işlerler. Bazılarının sırlarını sırf kendi çıkarları için ifşa ederler. Başkalarına karşı komplolar yapanlar, yanlış beyanlarda bulunanlar, iftira edenler, öldürmek veya işkence etmek için çeteler kuranlar, ödlekçe davrananlar, tehlike ve acı zamanlarında başkalarına ihanet edenler vs. aşağı ölüler diyarında üçüncü seviyede ki cezalara maruz kalırlar.

Tanrı her eylemi sorgulayacaktır

Pilatus nasıl ellerini yıkayıp İsa'nın kanını Yahudilerin eline teslim ettiyse, bazı insanlarda belli olay ve durumlar için başkalarını suçlarlar. Ancak insanların günahlarının sorumluluğu kendi üzerlerindedir. Her bireyin kendi özgür iradesi vardır ve sadece karar verme hakları yoktur ama bu kararlarından da sorumlu tutulacaktır. Özgür irademiz, İsa'ya kişisel Kurtarıcımız olarak inanıp inanmamakta, Rab'bin gününü kutsal sayıp saymamakla ya da ondalığı bütünüyle Tanrı'ya verip vermemekte ki seçimi bize bırakır. Ancak seçimimizin sonucu ya göklerde ki sonsuz mutluluk ya da cehennemde ki sonsuz cezayla ortaya konur.

Dahası, vermiş olduğunuz her kararın sonucu sizin kendinizin katlanması zorunda olduğu bir karardır. Dolayısıyla, bunun için bir başkasını suçlayamazsınız. Bu sebeple, "Anne-babamın zulümlerinden dolayı Tanrı'yı terk ettim." ya da "Eşim yüzünden Rab'bin gününü kutsal sayamadım ve Tanrı'ya ondalığımı bütünüyle veremedim." diyemezsiniz. Eğer bir kişinin imanı varsa, o kişi kesinlikle Tanrı'dan korkar ve tüm buyruklarını kesinlikle tutar.

Kendi ödlekçe sözleri sebebiyle dili kesilmiş olan Pilatus, aşağı ölüler diyarında sürekli kırbaçlanırken pişmanlık ve üzüntü içindedir. Ama ölümünden sonra Pilatus için artık ikinci bir şans kalmamıştır.

Ancak hayatta olanların hala bir şansı var. Asla Tanrı'dan korkmaktan ve buyruklarına uymaktan vazgeçmemelisiniz.

Yeşaya 55:6-7 bize şöyle der, *"Bulma fırsatı varken RAB'bi arayın, Yakındayken O'na yakarın. Kötü kişi yolunu, Fesatçı düşüncelerini bıraksın; RAB'be dönsün, merhamet bulur, Tanrımız'a dönsün, bol bol bağışlanır."* Tanrı, sevgi olduğundan biz hala yeryüzünde yaşıyorken cehennemde neler olduğunu bilmemizi sağlar. Pek çok insanı ruhani uykularından uyandırmak ve O'nun merhamet ve şefkati altında daha fazla insan yaşayabilsin diye bizleri müjdeyi duyurmamız için güçlendirip teşvik etmek arzusuyla bunu yapar.

6. İsrail'in İlk Kralı Saul'un Cezası

Yeremya 29:11 bize şöyle der, *"Çünkü sizin için düşündüğüm tasarıları biliyorum"* diyor RAB. "Kötü tasarılar değil, size umutlu bir gelecek sağlayan esenlik tasarıları bunlar." Söz, Babil'e sürüldüklerinde Yahudilere verilmişti. Ayet, Tanrı'ya karşı işledikleri günahlardan dolayı seçilmiş İnsanlarına bahşettiği bağışlama ve merhametin kehanetinde bulunur.

Aynı sebepten dolayı Tanrı, cehennemle ilgili mesajları duyurur. Bunu, inanmayanları ve günah işleyenleri lanetlemek için değil, ama düşman şeytan ve iblisin köleleri olarak ağır külfetler altında olan herkesi kurtarmak ve kendi suretinde yarattığı bu insanların o korkunç yere düşmesini önlemek için yapar.

Bu yüzden cehennemin berbat koşullarından korkmak yerine, Tanrı'nın ölçülemez sevgisini anlamalı ve eğer inançlı biri değilseniz, bu vakitten sonra İsa Mesih'i kişisel Kurtarıcınız olarak kabullenmelisiniz. Eğer Tanrı'ya imanınız olduğunu söyleyip Tanrı Sözüne göre yaşamadıysanız, bulunduğunuz durumdan dönün ve size yapmanızı istediklerini yapın.

Saul, Tanrı'ya itaatsizlik etti

Saul tahta çıktığında kendini büyük ölçüde alçakgönüllü kıldı. Ancak kısa zamanda kibrine yenik düşüp Tanrı'nın Sözüne itaat etmez oldu. Kötü yol izlediğinden terk edildi ve sonunda Tanrı ona sırtını çevirdi. Tanrı'ya karşı günah işlediğinizde, kafa yapınızı değiştirmeli ve bir an dahi duraksamadan tövbe etmelisiniz. Kendinize özür bulmamalı veya günahlarınızı saklamamalısınız. Ancak o zaman Tanrı sizin tövbe duanızı kabul eder ve bağışlama yolunu açar.

Saul, Tanrı'nın kendi yerine Davut'u mesh ettiğini öğrendiğinde, Davut'u güçlü rakip saymış ve tüm yaşamı boyunca onu öldürmenin yolunu aramıştı. Hatta Saul, Davut'a yardım eden Tanrı'nın rahiplerini bile öldürmüştü (1. Samuel 22:18). Bu eylemler, Tanrı'ya kafa tutmakla eş değerdi.

Bu şekilde Saul, itaatsiz olmaya devam etti ve şeytani eylemlerini biriktirdi ama Tanrı, Saul'u hemen yok etmedi. Her ne kadar Saul uzun bir süre Davut'un peşinde ve onu öldürmeye niyetli yaşamış olsa da, Tanrı onun yaşamasına izin verdi.

Bunun iki sebebi vardı. İlki, Tanrı, Davut'tan büyük bir kap ve kral meydana getirmeyi istedi. İkinci olarak ta, Saul'a günahlarından tövbe etmek için fırsat ve zaman tanımayı arzuladı.

Eğer günah işlediğimiz an Tanrı bizi öldürmüş olsaydı, hiç birimiz kurtulamazdık. Tanrı, bağışlayacak, bekleyecek ve yine bekleyecektir ama kişi Tanrı'ya doğru dönmüyorsa, Tanrı'da farklı yöne dönecektir. Ancak Saul, Tanrı'nın yüreğini anlamadı ve benliğin tutkularını izledi. Sonunda Saul, ciddi bir şekilde oklar tarafından yaralandı ve kendisini kılıcının üzerine atarak öldürdü (1. Samuel 31:3-4).

Saul'un bedeni havada asılıyor

Kibirli Saul'un cezası nedir? Havada asılı dururken keskin bir mızrak karnını deler. Mızrağın ucu, keskin uçlu delgilere ve kılıcın uçlarına andıran objelerle kaplanmıştır.

Havada bu şekilde asılı olmak muazzam acı vericidir. Mızrak karnınıza saplanırken havada asılı kalmak çok daha acı vericidir ve ağırlığınız acıya acı katar. Mızrak, delinmiş karnı keskin uçları ve delgileriyle ikiye parçalar. Deri yıpranırken, kaslar, kemikler ve bağırsaklar ortaya çıkar.

Cehennem elçileri, Saul'a yaklaştığında ve mızrağı çevirdiğinde, ona bağlanmış tüm keskin uçlar ve delgiler bedenini yırtarak parçalar. Bu dönen mızrak ucu, Saul'un ciğerlerini, yüreğini, karnını ve bağırsaklarını ortaya çıkarır.

Saul, bu korkunç işkenceye katlanıp bağırsakları parçalara ayrıldıktan kısa bir süre sonra, bedeni tekrar eski haline gelir. Beden, eski haline dönüştükten sonra, cehennem elçileri tekrar Saul'a yaklaşır ve aynı işkenceyi tekrarlarlar. Acı çektikçe, Saul hiç önemsemediği tövbe fırsatlarını hatırlar.

Niçin Tanrı'nın isteğine itaatsizlik ettim?
Niçin O'na karşı savaştım?
Peygamber Samuel'in azarlamasına
gereken önemi vermeliydim.
Oğlum Yonathan gözyaşlarıyla
bana yalvardığında tövbe etmeliydim.
Davut'a karşı bu kadar kötü olmasaydım,
cezam daha hafif olurdu...

Cehenneme düştükten sonra Saul'un pişmanlığı veya üzüntüsü faydasızdır. Karnını delen bir mızrakla havada asılı kalmak tahammül edilemez bir acıdır ama cehennem bekçileri yenilenen işkence için ona yaklaştığında, Saul korkuya yenik düşer. Bir önceki işkenceden kalan acılar hala gerçek ve bu kadar canlıyken, yenilerinin gelmekte olduğu düşüncesi Saul'u adeta boğar.

"Lütfen beni bırakın!" veya "Lütfen bu işkenceye son verin!" diye yalvarabilir ama faydasızdır. Saul ne kadar korkarsa, cehennem elçileri o kadar mutlu olurlar. Mızrağı bedeninin içinde çevirip dururlar ve bedeninin böyle parçalanışının verdiği azap Saul için sonsuza dek sürüp gider.

Kibir, yıkımın öncüsüdür

Şimdi yazılacaklar, günümüzde ki herhangi bir kilisede olağan bir durumdur. Yeni inanan biri önce Kutsal Ruh'u alır ve O'nunla dolar. İlk başlarda Tanrı'ya ve O'nun kullarına hizmet etmek için şevkle doludur. Ancak yeni imanlı kişi, Tanrı'nın isteğine, kilisesine ve kullarına itaatsiz olmaya başlar. Eğer tüm bunlar yığılırsa, duymuş olduğu Tanrı Sözü ile başkalarını yargılamaya ve suçlamaya başlayacaktır. Büyük bir ihtimalle de eylemlerinde kibirli bir kişi haline dönüşecektir.

Rab ile paylaştığı o ilk sevgi zamanla yitecek ve umudu – göklere duyduğu – dünyevi şeylere – daha önce ter ettiği şeyler – dönecektir. Hatta kilisede bile artık başkalarının kendisine hizmet etmesini ister. Paraya ve güce karşı açgözlü bir kişiliğe bürünür ve benliğin tutkularına teslim olur.

Fakir olduğu zamanlar, "Tanrım, beni maddi şansla takdis et!" diye dua etmiştir. Peki, bu gerçekleştiğinde ne olmuştur? Bu kutsamayı fakirlere, misyonerler ve Tanrı'nın işlerine yardım için kullanmak yerine, bu dünyanın zevkleri peşi sıra gitmek için kullanmıştır.

Bunun için, inançlı kişinin içinde ki Kutsal Ruh, feryat eder. Ruhu pek çok sınama ve zorluklardan geçer ve cezalandırma yoldadır. Eğer günah işlemeye devam ederse, vicdanı duyarsız hale gelebilir. Tanrı'nın isteğini kendi yüreğinin açgözlülüğünden ayıramaz hale gelir ve sıklıkla kendi yüreğini izler.

Kiliselerinin üyeleri tarafından oldukça hayranlık duyulan ve sevilen Tanrı'nın hizmetkârlarını bazen kıskanabilirler. Yanlış yere başkalarını suçlar ve kilise hizmetlilerini engellerler. Kendi çıkarları için, Mesih'in olduğu kiliseyi yıkmak için bölünmeler yaratırlar.

Böyle bir insan, Tanrı ile karşı karşıya gelmeye ve sonunda Saul'u yansıtarak düşman şeytan ve iblisin elinde araç olmaya devam edeceklerdir.

Tanrı, kibre karşıdır ama alçakgönüllülere lütfeder

1. Petrus 5:5 şöyle der, *"Ey gençler, siz de ihtiyarlara bağımlı olun. Hepiniz birbirinize karşı alçakgönüllülüğü kuşanın. Çünkü Tanrı kibirlilere karşıdır, Ama alçakgönüllülere lütfeder."* Kibirli, kürsüden duyurulan mesajı dinlerlerken yargılar. Kendi düşüncelerine uygun olanları kabul eder ama uygun olmayanları etmez. İnsanların çoğunluğunun düşünceleri Tanrı'nın düşüncelerinden farklıdır. Sadece sizin düşüncelerinize uygun olanları kabul ederek Tanrı'ya inandığınızı ve O'nu sevdiğinizi söyleyemezsininiz.

1. Yuhanna 2:15 bize şöyle der, *"Dünyayı da dünyaya ait şeyleri de sevmeyin. Dünyayı sevenin Baba'ya sevgisi yoktur."* Ayrıca Tanrı'nın sevgisi bu kişiyle değilse, o kişinin Tanrı ile bir paydaşlığı olduğu söylenemez. Bu yüzden eğer Tanrı ile paydaşlığınız olduğunu söylüyor ama hala karanlıkta yürüyorsanız, yalan söylüyor ve gerçekte yaşamıyorsunuzdur (1. Yuhanna 1:6).

Her zaman dikkatli olmalı ve sürekli kibirli olup olmadığınızı, başkalarına hizmet yerine kendinize hizmet edilmesini isteyip istemediğinizi ve yüreğinize bu dünya için sokulan sevginiz olup olmadığını kontrol etmelisiniz.

7. Yahuda İskariot'un Dördüncü Seviyedeki cezası

Aşağı ölüler diyarının birinci, ikinci ve üçüncü seviyede ki cezalarını inceledik. Bu cezalar, hayal gücümüzün ötesinde kötü ve gaddardır. Ayrıca ruhların, böylesine gaddar cezalara mahkûm olmasına neden sayısız sebepleri de inceledik.

Bu noktadan itibaren, aşağı ölüler diyarının en korkutucu cezalarını inceleyelim. Dördüncü seviyede ki cezalara bazı örnekler nelerdir ve o cezaları hak etmek için ruhlar ne gibi şeytani eylemlerde bulunmuşlardır?

Bağışlanamaz günahı işleme

İncil, bize tövbe ile bağışlanabilecek ve bağışlanamayıp kişileri ölüme sürükleyecek bazı günahlardan bahseder (Matta 12:31-32; İbraniler 6:4-6; 1. Yuhanna 5:16). Kutsal Ruh'a küfür eden, gerçeği bilmesine rağmen kasıtlı günah işleyen ve bunlar gibi olanlar, bu tür günah kategorisine girer ve aşağı ölüler diyarının en derin kısmına atılırlar.

Örneğin, Tanrı'nın lütfuyla sıklıkla iyileşen veya sorunlarını çözen insanları görürüz. Önceleri Tanrı ve kilisesi için çalışmaya hevesli olurlar. Ancak zamanla dünya akıllarını çeler ve sonunda Tanrı'ya sırtlarını çevirirler.

Bu dünyanın zevklerine yine teslim olurlar ancak şimdi daha önceden yaptıklarından daha fazlasını yaparlar. Kiliselerin gözden düşmesine neden olur ve diğer Hristiyanlarla Tanrı'nın hizmetkârlarını küçük düşürürler. Bazen aleni şekilde Tanrı'ya olan imanlarını ilan edenler, kendi görüş ve mantık yürütmelerine dayanarak kiliseleri veya rahipleri "sapkın" diye yargılamak ve etiketlemekte önde gelirler. Bir kilisenin, Kutsal Ruh'la ve Tanrı'nın hizmetkârları sayesinde O'nun mucizelerinin gücüyle dolduğunu görenler, doğru düzgün kavrayamadıkları için, tüm cemaati "sapkın" diye yargılamakta hızlı davranır veya Kutsal Ruh'un işlerini şeytanın işleri diye nitelendirirler Tanrı'ya ihanet eder ve tövbe ruhunu alamazlar. Diğer bir deyişle, böyle insanlar günahlarından tövbe edemezler. Böylece, ölümden sonra bu "Hristiyanlar," İsa Mesih'in kişisel Kurtarıcıları olduğuna inanmayanlardan daha ağır cezalara maruz kalacak ve aşağı ölüler diyarına gireceklerdir.

2. Petrus 2:20-21 bize şöyle der, *"Rab ve Kurtarıcı İsa Mesih'i tanımakla dünyanın çirkefliğinden kurtulduktan sonra yine aynı işlere karışıp yenilirlerse, son durumları ilk durumlarından beter olur. Çünkü doğruluk yolunu bilip de kendilerine emanet edilen kutsal buyruktan geri dönmektense, bu yolu hiç bilmemiş olmak onlar için daha iyi olurdu."* Bu insanlar, Tanrı'nın sözüne itaatsizlik ederler ve Sözü bilmelerine rağmen Tanrı'ya kafa tutarlar. Bunun için inanmamış olanlardan çok daha büyük ve ağır cezalara mahkûm olurlar.

Vicdanları dağlanan insanlar

Dördüncü seviyedeki cezaları alan canlar, sadece bağışlanamaz günahlar işlemekle kalmamış ama ayrıca vicdanları da dağlanmıştır. Bu insanların bazıları tümüyle Tanrı'ya kafa tutan ve Kutsal Ruh'a insafsızca karşı koyan düşman şeytan ve iblisin köleleri olurlar. Bu, İsa'yı bizzat çarmıha germek gibidir.

Kurtarıcımız İsa, günahlarımızın bağışlanması ve ebedi ölümün lanetinden bizi azat etmek için çarmıha gerildi. Kıymetli kanı, Kendisine inanan herkesi kurtarmıştır, ama dördüncü seviyede ki cezaları alanların üzerinde ki lanet, İsa Mesih'in kanıyla bile kurtuluşa nail olmaya muktedir değildir. Bu yüzden kendi çarmıhları üzerinde çarmıha gerilmeye mahkûm olmuş ve aşağı ölüler diyarında ki cezalarını almışlardır.

İsa'nın on iki talebesinden biri ve belki de insanlık tarihinde en iyi bilinen hain Yahuda İskariot en önde gelen örnektir. Yahuda, bir beden içinde olan Tanrı'nın oğlunu kendi gözleriyle görmüştü. İsa'nın talebelerinden biri olmuş, sözü öğrenmiş ve mucizevî iş ve belirtilere tanık olmuştu. Ama Yahuda, sonuna kadar açgözlülüğünü ve günahlarını söküp atamadı. Sonunda şeytan, Yahuda'yı tahrik etmiş ve otuz parça gümüş para için öğretmenini sattırmıştı.

Yahuda İskariot ne kadar tövbe etmeyi istemiş olursa olsun

Kimin daha suçlu olduğunu düşünüyorsunuz? İsa'nın çarmıha gerilme cezasını veren Vali Pilatus'mu yoksa Yahudilere İsa'yı satan Yahuda İskariot' mu? Pilatus'un sorularından birine İsa'nın verdiği cevap, bize net bir yanıt verir:

"Sana gökten verilmeseydi, benim üzerimde hiçbir yetkin olmazdı; Bu nedenle beni sana teslim edenin günahı daha büyüktür" (Yuhanna 19:11).

Yahuda'nın işlemiş olduğu günah, asla bağışlanamayacak ve tövbe ruhu verilemeyecek büyük bir günahtır. Yahuda, işlemiş olduğu günahın büyüklüğünü kavradığında parayı iade etti ama asla tövbe ruhu ona verilmedi.

Sonunda işlemiş olduğu günahın ağırlığına dayanamayarak, ıstırap içinde intihar etti. Elçilerin İşleri 1:18 bize Yahuda'nın "baş aşağı düştüğünü, bedeninin yarıldığını ve bütün bağırsaklarının dışarı döküldüğünü" söyleyerek sefil sonunu betimler.

Çarmıha gerilen Yahuda

Yahuda, aşağı ölüler diyarında ne tip bir cezaya mahkûmdur? Aşağı ölüler diyarının en derin yerlerinin en ön safhalarında Yahuda çarmıha gerilmiş vaziyettedir. En önde olan Yahuda ve çarmıhının gerisinde, Tanrı'ya ciddi bir şekilde kafa tutanlar, çarmıhlarıyla birlikte sıralanır. Bu sahne, muazzam ebatta bir savaş sonrası ortaya çıkan toplu mezarlara veya ölü hayvanlarla dolu bir mezbahaya andırır.

Çarmıha germe, bu dünyada bile en zalimane cezalardan biridir. Çarmıha germenin kullanımı, hem bir örnek teşkil ederken hem de bu günün ve yarının tüm suçlularına bir uyarı niteliği taşır. Istırabı ölümün kendisinden çok daha ağır olan çarmıha asılı bir kişi, saatlerce asılı kalan bedeni parçalanırken, böcekler vücudunu ısırırken ve tüm kanı dışarı fışkırırken olabildiğince kısa bir süre içersinde son nefesini vermeyi ister.

Yeryüzünde çarmıha gerilmenin verdiği acı, en fazla yarım gün sürer. Ancak işkencenin sonu olmadığı gibi ölümün de mümkün olmadığı aşağı ölüler diyarında çarmıha gerilme cezasının verdiği trajedi Yargı Gününe kadar sürecektir.

Dahası, Yahuda, sürekli büyüyen, derisini yırtan, kafatasını delen ve beynine mıhlanan dikenlerden örülmüş bir taç giyer.

Buna ek olarak, ayaklarının altında kıvranan hayvanlara andıran şeyler vardır. Daha yakından bakıldığında bunların aşağı ölüler diyarına düşen diğer ruhlar olduğu ve hatta bu ruhların bile ona işkence ettiği görülür. Bu dünyada onlarda Tanrı'ya kafa tutmuş ve dağlanmış vicdanlarıyla kötülükleri biriktirmişlerdir. Onlarda sert cezalara ve işkencelere tabi tutulmaktadırlar ve ne kadar ağır işkence görürlerse o kadar saldırgan olurlar. Sonunda öfke ve ıstıraplarını çıkarmak istermişçesine Yahuda'ya mızraklar saplamaya devam ederler.

Bunun karşısında cehennem elçileri, "Mesih'i satan işte budur! Bizim için her şeyi iyi hale soktu. Onun için de iyi oldu. Ne kadar gülünç!" diyerek Yahuda ile dalga geçerler.

Tanrı'nın Oğlunu sattığı için büyük ruhsal işkence

Aşağı ölüler diyarında Yahuda İskariot sadece fiziksel işkenceye katlanmak zorunda kalmaz ama ayrıca dayanılmaz ruhsal işkencelere de katlanmak zorunda kalır. Tanrı'nın Oğlu'nu satmış olduğu için lanetlendiğini her zaman hatırlayacaktır. Buna ek olarak bu dünyada bile "Yahuda İskariot" adı ihanetle eşleştiğinden, ruhsal işkenceleri de buna uygun olarak artacaktır.

İsa, Yahuda'nın kendisine ihanet edeceğini ve ölümünden sonra ona ne olacağını önceden biliyordu. Bu yüzden Yahuda'yı söz ile kazanmaya çalıştı ama Yahuda'yı geri kazanamayacağını da biliyordu. Bu sebeple Markos 14:21 ayetinde İsa'yı hüzünle feryat ederken buluruz, ' *Evet, İnsanoğlu kendisi için yazılmış olduğu gibi gidiyor, ama İnsanoğlu'na ihanet edenin vay haline! O adam hiç doğmamış olsaydı, kendisi için daha iyi olurdu."*

Diğer bir deyişle, eğer bir kişi, en hafifi olan birinci seviyede bir cezaya çarptırılırsa, hiç doğmamış olmaması o kişi için daha iyidir çünkü acı, büyük ve muazzamdır. Peki ya Yahuda? Yahuda, cezaların en ağır olanına çarptırılır.

Cehenneme düşmemek için

Peki, kim Tanrı'dan korkar ve O'nun buyruklarına uyar? Bu, Mesih'te ki yaşamanın iki ana temelini, yani Rab'bin gününü her zaman kutsal sayan ve tüm ondalığını Tanrı'ya veren kişidir.

Tanrı'nın gününü kutsal sayma, ruhani hükümranlıkta Tanrı'nın egemenliğini tanıdığınızı simgeler. Rab'bin gününü kutsal sayma, sizin Tanrı'nın çocuklarından biri olarak tanındığınızın ve seçildiğinizin işaretidir. Ancak eğer Rab'bin gününü kutsal saymıyorsanız, Baba Tanrı'ya olan imanınızı ne kadar dile getirirseniz getirin, Tanrı'nın çocuğu olduğunuza dair hiçbir ruhani onay yoktur. Böyle bir durumda, cehenneme gitmekten başka şansınız olmaz.

Ondalığı bütünüyle Tanrı'ya vermeniz demek, O'nun eşya üzerinde ki egemenliğini tanıdığınız demektir. Ayrıca Tanrı'nın tüm kâinatın tek sahibi olduğunu tanıdığınız ve anladığınız anlamına gelir. Malaki 3:9'a göre İsrailliler, *"Tanrı'dan çaldıkları"* için bütün ulus olarak lanete uğramıştır. Tanrı, tüm kâinatı yaratmış ve sizlere hayat vermiştir. Bize güneş ışığını, yaşamamız için yağmuru, çalışabilmemiz için enerjiyi verir. Sahip olduğunuz her şey Tanrı'ya aittir. Tüm kazançlarınızın Tanrı'ya ait olmasına rağmen, bizlerin kazandıklarımızın sadece onda birini kendisine vermemize ve gerisini kendimiz için kullanmamıza izin vermiştir. Malaki 3:10'da RAB şöyle der, *"Tapınağımda yiyecek bulunması için bütün ondalıklarınızı ambara getirin. Beni bununla sınayın. Göreceksiniz ki, göklerin kapaklarını size açacağım, üzerinize dolup taşan bereket yağdıracağım."* Ondalık hususunda Tanrı'ya bağlı kaldığımız sürece, vaat ettiği gibi Tanrı, göklerin kapaklarını açacak ve üzerimize dolup taşan öyle bir bereket yağdıracaktır ki bunlar için yeterli yerimiz olmayacak. Ama eğer ondalığınızı Tanrı'ya vermiyorsanız, bu sizlerin, Tanrı'nın bereket yağdıracağına dair vaadine inanmadığınız, imanda yoksun olduğunuz anlamına gelir ve Tanrı'dan çaldığınız içinde, cehennem dışında gideceğiniz bir başka yer yoktur.

Bu yüzden her zaman Rab'bin gününü kutsal saymalı, her şeyin sahibi olana ondalığımızı bütünüyle vermeli ve Kutsal Kitap'ın altmış-altı kitabında anlatılan buyruklarına uymalıyız. Bu kitabı okuyanlardan hiç kimsenin cehenneme düşmemesi için dua ediyorum.

Bu bölümde, büyük ölçüde dört seviyeye ayrılan ve aşağı ölüler diyarına mahkûm edilmiş suçlu ruhlara reva görülen çeşitli cezaları derinlemesine inceledik. Aşağı ölüler diyarı ne kadar zalim, ürkütücü ve sefil bir yerdir?

2. Petrus 2:9-10 ayetleri bize bununla ilgili şunları söyler, *"Görülüyor ki Rab kendi yolunda yürüyenleri karşılaştıkları denemelerden nasıl kurtaracağını bilir. Doğru olmayanları, özellikle benliğin yozlaşmış tutkuları ardından giden ve yetkisini hor görenleri cezalandırarak yargı gününe dek*

nasıl alıkoyacağını da bilir. Bu küstah, dikbaşlı kişiler yüce varlıklara sövmekten korkmazlar."

Günah işleyen ve şeytani işler yapan, kilisenin işleyişini engelleyen veya bozulmasına yol açan kötü insanlar, Tanrı'dan korkmazlar. Tanrı'ya böylesine küstahça kafa tutan insanlar, sınama ve sıkıntılar zamanında Tanrı'nın yardımını arayamazlar, aramamalı ve beklememelidirler. Büyük Beyaz Tahtın Yargı Gününün gerçekleşmesine kadar aşağı ölüler diyarının derinliklerinde hapis tutulacak ve kendi işledikleri şeytani eylemlerin çeşit ve büyüklüğüne göre cezalandırılacaklardır.

İyi, doğru ve sadık hayatlar sürenler, her zamanda imanda Tanrı'ya bağlıdırlar. Bu sebeple, insanın kötülüğü yeryüzünü doldurduğunda ve Tanrı göklerin kapılarını açtığında, sadece Nuh ve ailesinin kurtulduğunu görürüz (Yaratılış 6-8).

Tıpkı Nuh'un Tanrı'dan korktuğu ve O'nun buyruklarına itaat ettiği ve bunun sonucunda yargıdan kurtulup kurtuluşa nail olduğu gibi, bizlerde yaptığımız her şeyde Tanrı'nın itaatli çocukları olmalıyız ki Tanrı'nın gerçek çocukları olabilelim ve O'nun takdiri ilahisini gerçekleştirebilelim.

Bölüm 6

Kutsal Ruh'a Küfür Etmenin Cezası

1. Kaynayan Sıvıdan Bir Havuzda Acı Çekme
2. Dik Bir Tepeye Tırmanma
3. Kızdırılmış Demirle Ağızda Kavrulmak
4. Muazzam Büyüklükte İşkence Makineleri
5. Bir Ağacın Gövdesine Bağlanma

"İnsanoğlu'na karşı bir söz söyleyen herkes bağışlanacak. Oysa Kutsal Ruh'a küfreden bağışlanmayacaktır."
- Luka 12:10 -

"Bir kez aydınlatılmış, göksel armağanı tatmış ve Kutsal Ruh'a ortak edilmiş, Tanrı sözünün iyiliğini ve gelecek çağın güçlerini tatmış oldukları halde yoldan sapanları yeniden tövbe edecek duruma getirmeye olanak yoktur. Çünkü onlar Tanrı'nın Oğlu'nu adeta yeniden çarmıha geriyor, herkesin önünde aşağılıyorlar."
- İbraniler 6:4-6 -

Kutsal Ruh'a Küfür Etmenin Cezası

Matta 12:31-32 ayetlerinde İsa bize şöyle der, *"Bunun için size diyorum ki, insanların işlediği her günah, ettiği her küfür bağışlanacak; ama Ruh'a edilen küfür bağışlanmayacaktır. İnsanoğlu'na karşı bir söz söyleyen, bağışlanacak; ama Kutsal Ruh'a karşı bir söz söyleyen, ne bu çağda, ne de gelecek çağda bağışlanacaktır."*

İsa bu sözleri, müjdeyi duyurduğu ve ilahi gücün eserlerini icra ettiği için kendisini kınayan ve Kendisinin şeytani ruhların etkisi altında olduğunu ya da mucizelerini düşman şeytan ve iblisin gücüyle gerçekleştirdiğini söyleyen Yahudilere söylemiştir.

Hatta bu gün bile Mesih'te iman sahibi olduklarını dile getiren pek çok insan, Kutsal Ruh'un güçlü eserleri ve harikalarıyla dolu kiliseleri suçlar ve onları "sapkın" veya "şeytanın işi" diye etiketler çünkü neler olduğunu ne kavrayabilir ne de kabul edebilirler. Ama Tanrı'nın egemenliği başka nasıl genişleyebilir ve Tanrı'dan, yani Kutsal Ruh'tan gelen güç ve otorite olmadan müjde tüm dünyaya nasıl duyurulabilir?

Kutsal Ruh'un eserlerine karşı olmanın, Tanrı'nın bizzat kendisine karşı olmaktan farkı yoktur. Kutsal Ruh'un eserlerine karşı olan bu kişiler ne kadar kendilerinin "Hristiyan" olduğunu zannederlerse zannetsinler, Tanrı, onları Çocukları olarak tanımayacaktır.

Tanrı'nın, hizmetkârlarının içinde yaşadığını, harikalar ve mucizevî işler ve olayların gerçekleştiğini deneyim ettikten ve gördükten sonra bile eğer bir kişi, Tanrı'nın hizmetkârlarını ve kilisesini "sapkın" olarak suçluyorsa, ciddi bir biçimde Kutsal Ruh'u engellediğini ve küfür ettiğini ve o kişinin kendine cehennemin derinliklerinde bir yer hazırladığını aklınızda tutun.

Eğer bir kilise, rahip ya da Tanrı'nın her hangi bir hizmetkârı gerçekten Tanrı'nın Üçlü Birliğini tanıyor, Kutsal Kitap'ın Tanrı'nın Sözü olduğuna inanıyor ve O'nu bu şekliyle öğretiyorsa, gökler ya da cehennem olarak yüzleşeceği hayattan haberdardır ve hiç kimse bir kiliseyi, rahibini ve Tanrı'nın hizmetkârlarını "sapkın" olarak suçlayamaz ve suçlamamalıdır.

Manmin Joong-ang Kilisesini 1982 yılında kurdum ve Kutsal Ruh'un işleriyle sayısız canı kurtuluş yoluna sevk ettim. Şaşırtıcı bir şekilde, Yaşayan Tanrı'nın işlerine bizzat şahit olmuş insanların arasında cemaatin amaç ve işlerini sekteye uğratarak Tanrı'ya kafa tutanlar ve benimle kilisem hakkında dedikodu ve yalanlar yayanlar oldu.

Tanrı, bir yandan bana cehennemin derinliklerinde bekleyen perişanlığı ve azabı anlatırken, diğer yandan Kutsal Ruh'a mani olanları, itaatsizlik ve küfür edenleri aşağı ölüler diyarında bekleyen cezaları ifşa etti. Bu kişileri aşağı ölüler diyarında ne tip cezalar beklemektedir?

1. Kaynayan Sıvıdan Bir Havuzda Acı Çekme

> Kocamla yapmış olduğum
> Evlilik yemininden pişmanım ve lanet ediyorum.
> Niçin bu berbat yerdeyim?
> Eşim beni yanlış yola sevk etti
> ve onun yüzünden buradayım.

Kutsal Ruh'a Küfür Etmenin Cezası

Bu, aşağı ölüler diyarında dördüncü seviyede ceza gören bir eşin feryadıdır. Bu kadının, koyu karanlık ve küller içinde ki boşlukta azap dolu feryadının yankılanmasının sebebi, kocasının Tanrı'ya kafa tutması için kadını yanlış yola sevk etmiş olmasıdır.

Belli ölçüde Tanrı'dan korktuğu için kadın o kadar da kötü değildi. Dolayısıyla, Kutsal Ruh'a mani olmamış ve kendi başına Tanrı'ya kafa tutmamıştı. Ancak benliğin tutkuları peşi sıra, vicdanı kocasının şeytani vicdanıyla eşleşmiş ve karı-koca fazlasıyla Tanrı'ya ve O'nun işlerine karşı gelmişti.

Birlikte kötülük yapan bu çift, şimdi aşağı ölüler diyarında yine beraber cezalandırılırlar ve tüm şeytani eylemlerinin karşılıklarını alırlar. Öyleyse aşağı ölüler diyarında ki bu çiftin cezaları neler olacaktır?

Teker teker işkence gören çift

Havuz, korkunç bir kokuyla doludur ve mahkûm ruhlar, teker teker canlı olarak kaynayan sıvının içine batırılırlar. Cehennem elçileri, mahkûm ruhları bir bir havuzun içine soktuklarında, sıvının ısısı tüm bedenlerinde kabarcıkların – daha çok bir kurbağanın sırtına andırırcasına – oluşmasına neden olur ve gözleri yuvalarından çıkar.

Ne zaman umutsuzca bu işkenceden kaçmaya çalışsalar ve başlarını havuzdan dışarı çıkarsalar, dev bir ayak onların başlarını ezerek gerisin geriye batırır. Cehennem elçilerinin büyük ayaklarının tabanına yoğun bir şekilde küçük demir veya pirinçten çiviler yerleştirilmiştir. Canlar, bu ayaklar altında ezildiklerinde, büyük yara ve berelerle tekrar havuzun içine girmeye zorlanır.

Bir süre sonra tekrar başlarını dışarı çıkarırlar çünkü bu yanma duyusuna dayanamazlar. Tam o sırada tıpkı daha önce pek çok kez yapıldığı gibi, başları çiğnenir ve gerisin geriye havuzun içine batırılır. Ayrıca bu ruhlar sırayla bu işkenceye tabi tutulduklarından, eşlerden biri havuzun içine batırıldığında diğeri ötekinin azabını seyretmek zorunda kalır.

Bu havuz saydamdır. Dolayısıyla dışarıdan içerisi görülebilir. Önceleri birbirlerinin böylesi berbat bir şekilde işkence görmeleri karşısında, duydukları ortak sevgi sonucu bir diğeri için merhamet dileyerek yakarırlar.

Karım orada!
Lütfen onu dışarı çıkarın.
Lütfen onu bu azaptan azat edin.
Hayır, hayır, lütfen başını çiğnemeyin.
Lütfen onu dışarı çıkarın, lütfen!

Ancak bir süre sonra, kocanın yakarışı yiter gider. Birkaç kez cezalandırıldıktan sonra, karısı işkence görürken kendisinin işkencesine ara verildiğini ve karısı havuzdan çıkarıldığında sıranın kendisine geldiğini fark eder.

Birbirlerini suçlayıp lanetleme

Yeryüzünde ki evli çiftler, göksel egemenlikte evli olmayacaklardır. Ancak aşağı ölüler diyarında evli bir çift olarak kalmaya devam edecek ve birlikte cezalandırılacaklardır. Sırayla

Kutsal Ruh'a Küfür Etmenin Cezası

işkenceye tabi tutulduklarını bildiklerinden, zamanla yalvarışları farklı tonlara bürünür.

Hayır, hayır, lütfen onu çıkarmayın.
Bırakın da orada biraz daha kalsın.
Onu biraz daha orada tutun ki
bende biraz dinleneyim.

Kadın, kocasının sürekli acı çekmesini isterken, kocası da eşinin olabildiğince uzun bir süre havuzun içinde kalması için yalvarır. Ama birinin diğerinin acı çekmesini izlemesi, dinlenecek zamanı tanımaz. Özellikle eşler birbirlerinden sonra sıranın kendilerine geleceğini bildiğinden, kısa aralar bitmeyen azabın yerini tutamaz. İlaveten, işkence gören eşlerden biri diğerinin kendisinin daha uzun cezalandırılması için yalvardığını görüp duyduğunda, her ikisi birbirlerine lanet okumaya başlar.

Burada net bir şekilde benliğin sevgisinin sonucunu görürüz. Benliğin sevgisinin, yani cehennemin gerçeği, bir kişi dayanılmaz ve büyük acılar içinde kıvranırken diğerinin işkence gören kişinin daha uzun ya da kendi yerine işkence görmesini dilemesidir.

Kadın, "eşi yüzünden" Tanrı'ya karşı gelmiş olduğundan eşine "senin yüzünden buradayım." der. Buna cevap olarak koca ise, yüksek bir sesle, kendi şeytani eylemlerini destekleyen ve bunlara ortak olan karısına lanet okur.

Çift daha fazla kötülük işledikçe...

Aşağı ölüler diyarında ki cehennem elçileri, birbirlerine lanetler yağdıran ve cehennem elçilerine eşlerini daha uzun ve daha şiddetli cezalandırmalarını isteyen karı-kocayı gördükçe mutlu olurlar.

Baksanıza! Burada bile birbirlerine lanet yağdırıyorlar. Onların kötülüğü bizi çok mutlu ediyor.

Sanki ilginç bir film seyrediyorlarmış gibi, cehennem elçileri dikkat kesilir ve daha çok kendilerini eğlendirmek için ara sıra ateşi daha da kızdırırlar. Eşler ne kadar çok acı çekerlerse o kadar çok birbirlerine lanet ederler ve doğal olarak elçilerin kahkahaları daha da gürleşir.

Burada bir noktayı çok iyi anlamalıyız. İnsanlar bu dünyada bile kötülük işlediklerinde, kötü ruhlar memnunluk ve sevinç duyarlar. Aynı zamanda insanlar ne kadar çok kötülük işlerse, Tanrı'ya o kadar yabancı olurlar.

Zorluklarla yüzleştiğinizde, dünyaya teslim olduğunuzda, belli kişiler veya koşullar sebebiyle feryat, şikâyet ettiğinizde ve içinizde acı büyüdüğünde, düşman şeytan koşarak size gelir ve mutluluk içinde zorluklarınız ve sarsıntılarınızı arttırır.

Ruhani hükümranlığın yasasını bilen akıllı insanlar asla feryat veya şikâyet etmez ama aksine tüm koşullar altında şükranlarını sunar ve pozitif bir duruşla her zaman Tanrı'ya olan imanlarını dile getirirler. Böylece yüreklerinin odak noktasının

Tanrı olmasına özen gösterirler. Dahası kötü ve şeytani bir insan size ıstırap veriyorsa, Romalılar 12:21'de, *"Kötülüğe yenilme, kötülüğü iyilikle yen."* dendiği gibi kötülükle her zaman iyilikle yüzleşmeli ve elinizde ki her şeyle Tanrı'ya teslim olmalısınız.

İyiliğin yolunu izlediğinizde ve ışıkta yürüdüğünüzde, kötü ruhların etkisinin üstesinden gelecek güç ve yetkiyle donatılacaksınız. Böylece düşman şeytan ve iblis, sizin kötülük yapmanızı sağlayamayacak ve zorluklarınızda çok daha hızlı bir şekilde bitecektir. Tanrı, çocuklarının iyi bir imana göre davranışlar sergilemesinden ve yaşamasından hoşnuttur.

Hiçbir koşul altında düşman şeytan ve iblisin bizden istediği gibi kötülük yaymamalı ama her zaman Baba Tanrı'yı hoşnut eden gerçekte düşünüp, imanda davranışlar sergilemelisiniz.

2. Dik Bir Tepeye Tırmanma

İster Tanrı'nın bir hizmetkârı, ister kilise ihtiyarı ya da kilisesinin çalışanı olun, eğer yüreğinizin imanını gerçekleştirmez ve günah işlemeye devam ederseniz, bir gün muhakkak şeytanın avı olursunuz. Bazı insanlar Tanrı'dan uzaklaşırlar çünkü dünyayı severler. Diğerleri akılları çelindikten sonra kiliseye gitmekten vazgeçerler. Bazıları, Tanrı'nın kilisesinin plan ve amaçlarına mani olarak Tanrı'ya kafa tutar ve ölüm yolunda kendilerini yardıma muhtaç bırakacak hale sokarlar.

Cehennem

Tanrı'ya ihanet eden tüm bir ailenin örneği

Aşağıda anlatılanlar, bir zamanlar Tanrı'nın kilisesi için çalışmış bir kişinin tüm ailesinin başına gelenlerin hikâyesidir. Öfke ve açgözlülükle dolu yüreklerinin sünnetini yapmadılar. Bu yüzden diğer kilise üyelerine güçlerini kullandılar ve sürekli günahlar işlediler. Sonunda Tanrı'nın cezalandırması üzerlerine düştü ve ailenin babasına çok ciddi bir hastalık teşhisi kondu. Tüm aile bir araya toplandı ve babalarının hayatı kadar kendileri içinde tövbe duaları ettiler.

Tanrı onların tövbe duasını kabul etti ve babayı iyileştirdi. O vakit Tanrı bana hiç umulmadık bir şey söyledi: "Eğer şimdi ruhunu çağıracak olsam, en azından utanç verici de olsa kurtuluşa nail olacak. Eğer uzun yaşamasına izin versem, hiçbir kurtuluşa sahip olmayacak."

Ne demek istediğini anlamadım ama birkaç ay sonra ailenin davranışlarına tanık oldukça, ne demek istediğini kavramaya başladım. Ailenin üyelerinden biri kilisemin sadık çalışanlarından biriydi. O kişi, kiliseyle ilgili yanlış beyanlarda bulunarak ve pek çok kötü eylemlerde bulunarak Tanrı'nın kilisesine ve egemenliğine mani olmaya başladı. Sonunda tüm aile yanlış yola saptı ve Tanrı'dan uzaklaştı.

Kilisemin eski çalışanı, Kutsal Ruh'a engel olduğu ve O'na küfür ettiğinde, ailenin geri kalan üyeleri bağışlanamayacak günahlar işledi ve dualarımla canlanan babaları kısa bir süre içersinde öldü. Eğer babaları, içinde azıcık bir iman kalmışken ölmüş olsaydı, kurtulabilirdi. Ancak imanına sırtını dönmüş ve kurtuluş için kendisine hiçbir şans bırakmamıştı. Dahası bu ailenin her bir ferdi, her birinin cezalandırılacağı ve babalarının olduğu aşağı ölüler diyarına gideceklerdir. Onları nasıl bir ceza beklemektedir?

Hiç dinlenmeden dik bir tepeye tırmanma

Ailenin cezalandırıldığı alanda dimdik bir tepe vardır. Bu tepe öylesine uzundur ki aşağıdan bu tepenin sonunu görmek mümkün değildir. Korkutucu çığlıklar havayı doldurur. Bu kanlı tepenin hemen hemen ortasında uzaktan üç küçük noktaya andıran üç can cezalandırılmaktadır.

Çıplak el ve ayaklarla bu sert ve zorlu tepeye tırmanırlar. Elleri ve ayakları zımpara kâğıdıyla ovulur gibi, derileri soyulur ve aşınır. Bedenleri kana batmıştır. Tırmanılması zor olduğu görülen bu tepeye tırmanmalarının sebebi, etrafta uçuşan cehennem elçileridir.

Bir süre için bu üç ruhun tırmanışını seyrettikten sonra cehennem elçileri ellerini havaya kaldırırlar ve o zaman ufacık böcekler, bir spreyden yayılan su zerreleri misali tüm alana yayılırlar. Açık ağızlarıyla keskin dişlerini ifşa eden bu böcekler hızla tepeye tırmanarak ruhları kovalarlar.

Bir parmak büyüklüğünde ki yüzlerce kırkayak, tarantula veya hamam böceğinin eve girdiğinizde tüm yeri kapladığını hayal edin. Ayrıca tüm bu ürkütücü böceklerin aynı anda sizin üzerinize doğru koştuğunu hayal edin.

Bu böceklerin görüntüsü bile sizi korkutmak için yeterlidir. Eğer tüm bu böcekleri aynı anda sizin üzerinize üşüşseydi, hayatınızın en tüyler ürpertici anısı olurdu. Eğer bu böcekler önce ayaklarınızdan ve bacaklarınızdan ve sonra tüm vücudunuzu kaplayacak şekilde tırmanmaya başlasalardı böylesi korkunç bir sahneyi nasıl ifade edebilirdiniz?

Ancak aşağı ölüler diyarında bu böceklerden yüzlerce mi yoksa binlerce mi olduğunu söylemek mümkün değildir. Bu ruhlar sadece bu böceklerden sayısız miktarda olduğunu ve kendilerinin de av olduğunu bilirler.

Sayısız böcek üç canın üzerine üşüşür

Tepenin ayakları altında bu böcekleri gören üç can, çok daha hızlı tırmanmaya başlar. Ama fazla vakit geçmeden üçü yakalanır ve başta bu korkunç böceklerin bedenlerini ısırmasından kaçtıkları yere, yani tepenin ayakları dibine geri düşerler.

Bu canların bedenleri kemirildiğinde, acı öylesine büyük ve dayanılmazdır ki tıpkı hayvanlar gibi inlerler ve çaresizlik içinde bedenlerini silkeler ve bir ileri bir geri hareket ettirirler. Üzerlerinden böcekleri atmaya çalışır ve bunu yapmak için onların üzerlerine teker teker basar ve ezerler. Bunu yaparken hiç durmadan birbirlerini azarlar ve lanet okurlar. Böylesi bir azabın ortasında her biri, bir diğerinden daha fazla kötülük yayar ve sadece kendi çıkarını düşünür. Böylece birbirlerine lanet okumaya devam ederler. Cehennem elçileri, daha önce gördükleri her şeyden çok bu manzaradan eğleniyor gözükürler.

Sonra etrafta uçmakta olan cehennem elçileri elleriyle bu böcekleri toplar ve bir anda hepsi yitip giderler. Üç ruhun bedenlerini kemiren böcekler artık yoktur ama yine de dik tepeye tırmanmaktan kendilerini alamazlar. Kısa zamanda cehennem elçilerinin böcekleri serbest bırakacağını bilirler. Tüm güçleriyle tepeye tırmanmaya devam ederler. Ürkütücü sessizliğin içinde üç can, gelmekte olacakların şiddetli korkusuyla tepeye tırmanma mücadelesi verirler.

Tırmanırken aldıkları yaraların acısı önemsenmeyecek türden değildir. Ancak bedenlerini kemiren ve parça parça eden böceklerin korkusu çok daha büyüktür ve üç can, kana bulanmış bedenlerini dahi önemsemeden olabildiğince hızlı tepeye tırmanırlar. Ne sefil bir manzara!

3. Kızdırılmış Demirle Ağızda Kavrulmak

Özdeyişler 18:21 bize şöyle der, *"Dil ölüme de götürebilir, yaşama da; Konuşmayı seven, dilin meyvesine katlanmak zorundadır."* Matta 12:36-37 ayetlerinde İsa, bize şunları söyler, *"Size şunu söyleyeyim, insanlar söyledikleri her boş söz için yargı günü hesap verecekler. Kendi sözlerinizle aklanacak, yine kendi sözlerinizle suçlu çıkarılacaksınız."* Bu iki ayet, ağzımızdan çıkan her söz için Tanrı'nın bizi sorumlu tutacağını ve buna göre yargılayacağını söyler.

Gerçeğin iyi sözlerini sarf edenler, bu sözlerine uygun iyi meyveler verirken, imansız bir şekilde kötü sözler söyleyenler, dudaklarından dökülen kötü sözlere uygun kötü meyveler vereceklerdir. Bazen dikkatsizce söylenen sözlerin, dayanılmaz miktar ve büyüklükte acı ve ıstıraba neden olduğunu görürüz.

Her söz geri ödenecek

Aileleri tarafından zulüm gördükleri için bazı inançlılar, "Ailem bir kaza sebebiyle tövbe edecekse, buna değer." diye konuşur ya da dua ederler. Düşman şeytan ve iblis bunu duyar duymaz, kişiyi Tanrı'ya şikâyet eder ve "bu kişinin sözleri yerini bulmalı" derler. Böylece sözler, filizlenecek tohumlar olur ve insanların sakatlanıp, ekstra zorluklarla yüzleşeceği kaza meydana gelir.

Böylesi aptalca ve gereksiz sözlerle acıya davetiye çıkarmanıza gerek var mı? Ne yazık ki acı, hayatlarını kararttığında pek çok insan sendeler. Diğerleri, bu güçlüklerin kendi sözlerinden dolayı geldiğiniz fark etmez bile ve başkaları da böylesine strese neden olan sözlerini hatırlamazlar.

Bu yüzden her sözün bir şekilde geri ödeneceğini aklınızdan çıkarmayın ve her zaman en iyi şekilde davranmalı ve dilimize hâkim olmalıyız. Niyet her ne olursa olsun, sözleriniz iyilik ve güzellik dışında sözler ise, şeytan kolaylıkla – ve kesinlikle – sizi sözlerinizden dolayı sorumlu tutar ve ıstıraba, bazen ise gereksiz belalara maruz kalırsınız.

Tanrı'nın kilisesi ve O'nun sevgili hizmetkârı hakkında kasıtlı yalan söyleyerek kilisesinin amaçlarına mani olup Tanrı'ya kafa tutanlara ne olur? O kişi hızla şeytanın etkisi altına girer ve cehennemde cezalandırılacaktır.

Bir sonra ki bölümde okuyacaklarınız, sözleriyle Kutsal Ruh'a engel olanlara verilen cezaların bir örneğidir.

Sözleriyle Kutsal Ruh'a karşı gelenler

Uzunca bir süre kiliseme gelen ve farklı konumlarda hizmetler veren biri vardı. Ama tüm Hristiyanların yapmak zorunda oldukları yüreğin sünnetini gerçekleştirememişti. Dışarıdan Tanrı'yı, kiliseyi ve kilise üyelerini seven çok sadık bir çalışan izlenimi veriyordu.

Aile fertlerinin arasında tedavisi mümkün olmayan hastalık sebebiyle tamamıyla sakat kalıp iyileşen ve birde ölümün eşiğinden dönen kişiler vardı. Tüm bunların dışında ailesi Tanrı'yı pek çok kez deneyimlemiş ve lütuflara nail olmuştu ama bu kişi asla yüreğin sünnetini gerçekleştirmedi ve içinden kötülüğü atamadı.

Dolayısıyla kilise bütünüyle ciddi zorluklarla yüzleştiğinde ihanet etmek üzere aile üyelerinin aklı şeytan tarafından çelindi. Kilisenin yoluyla aldıkları lütuf ve kutsamaları unutarak uzun zaman hizmet ettiği kiliseyi terk etti. Dahası kilisesine karşı gelmeye başladı ve kısa bir süre sonra misyonerlik faaliyetleri içindeymişçesine bizzat kilise üyelerini ziyaret etmeye ve onların imanlarına müdahale etmeye başladı.

İmanında ki tereddüt nedeniyle kiliseyi bırakmış olsa bile, eğer bilmediği olaylarda sükûnetini koruyabilse ve doğru ile yanlışı birbirinden ayırabilseydi sonunda Tanrı'nın merhametini alma fırsatına sahip olabilirdi.

Ancak kendi kötülüğünün üstesinden gelemedi ve diliyle fazlasıyla günah işledi. Şimdi ise onu azap verecek cezalar beklemektedir.

Ağız dağlanır ve beden kıvrılır

Cehennem elçisi onun ağzını kızgın demirle dağlar çünkü ağızdan çıkan sözlerle ciddi bir biçimde Kutsal Ruh'a karşı gelmiştir. Bu ceza, ağzından çıkan sözlerle masum İsa'nın çarmıha gerilmesi hükmünü veren Vali Pilatus'un cezasına benzer ve aşağı ölüler diyarında dili ebediyen çıkarılır.

Buna ek olarak, iki tarafında metal kolların yerleştirildiği, tıpaları olan camdan bir tüpün içine girmeye zorlanır. Cehennem elçileri kolları çevirdiğinde, mahkûm ruhun bedeni kıvrılır. Bedeni kıvrıldıkça kıvrılır ve çöpün ezilmesiyle kirli suyun akması gibi, ruhun kanı gözlerinden, burnundan, ağzından ve bedeninin diğer deliklerinden fışkırır. Sonunda tüm kanı ve özsuyu hücrelerinden dışarı fışkırır.

Parmağınızın kıvrılmasıyla bir damla kanın akmasını sağlamak için ne kadar gücün uygulanması gerektiğini hayal edebilir misiniz?

Canın kanı ve özsuyu, sadece vücudun bir bölümünden sıkılmaz ama baştan aşağı her yerinden sıkılır. Tüm kemikleri ve kasları da kıvrılır ve tuzla buz olur ve tüm hücreleri parçalanır. Kısaca, bedenden kalan son sıvıya kadar sıkılır. Ne kadar acı verici olmalı!

Sonunda camdan tüp öylesine canın kanı ve özsuyuyla dolar ki uzaktan bakıldığında kırmızı şarap şişesi gibi görünür. Cehennem bekçileri, bedende kalan son sıvıya kadar ruhun vücudunu kıvırdıktan sonra vücudu tekrar eski haline gelsin diye bir süreliğine bırakırlar.

Ancak vücudu yenilenen ruhun nasıl bir umudu olabilir?

Vücudu eski haline gelir gelmez, vücudunun kıvrılma ve sıkılma işlemi yeni baştan başlar. Diğer bir deyişle, işkenceleri arasında kalan zaman, işkencenin sadece bir uzantısıdır.

Diliyle Tanrı'nın egemenliğine engel olduğu için bu ruhun dudakları dağlanır ve şeytanın işlerine aktif yardım sağlamasının bir ödülü olarak bedeninde ki her su sıkılır.

Ruhani dünyada insan ne ektiyse onu biçer ve her ne yaptıysa aynısı ona yapılacaktır. Lütfen bu gerçeği aklınızda tutun ve kötülüğe yenilmeyin ama iyi söz ve eylemlerle Tanrı'yı yücelten bir hayat sürün.

4. Muazzam Büyüklükte İşkence Makineleri

Bu can, kişisel olarak Kutsal Ruh'un işlerini hastalığından ve zayıflığından iyileştiği vakit deneyim etmişti. Ondan sonra ise yüreğinin sünnetini başarmak için tüm yüreğiyle dua etmişti. Hayatına Kutsal ruh öncülük etmiş ve yönetmiş ve meyveyi vermişti. Kilise üyelerinin övgülerini ve sevgisini kazanmış ve bir rahip olarak atanmıştı.

Kendi kibrinin esiri olma

Çevresinde ki insanların övgü ve sevgilerini kazandıkça giderek kibirleşti ve kendine doğru bir şekilde bakamaz hale geldi. Dolayısıyla farkında olmadan yüreğinin sünnetini gerçekleştirmeyi durdurdu. Her zaman kıskanç ve öfkeli bir adam olmuştu ve bu nitelikleri atmak yerine doğru olan insanları yargılamaya ve suçlamaya başladı ve onu memnun etmeyen ya da onunla aynı fikirde olmayan insanlara kin tutar oldu.

Bir kere kişi kendi kibrinin esiri olup kötülük yaparsa, o kişiden daha çok kötülük yayılır ve kendini daha fazla baskı altında tutamaz ya da herkesin tavsiyelerine kulak vermemeye başlar. Ruh, kötülük üzerine kötülük biriktirir ve şeytanın tuzağına düşerek aleni bir şekilde Tanrı'ya karşı durur.

Kutsal Ruh'u almak, kurtuluşun tamamlandığı anlamına gelmez. Kutsal Ruh ile dolu olsanız, lütuflar alsanız ve Tanrı'ya hizmet ediyor olsanız bile, bitirme çizgisinden –arınma – çok uzakta olan bir maraton koşucusundan farksızsınızdır. Bir koşucu ne kadar iyi koşarsa koşsun, eğer yarış esnasında durur veya kendinden geçerse, hiçte iyi olmaz. Pek çok kişi bitirme çizgisi – gökler – doğru koşarlar. Belli bir noktaya kadar ne kadar çok hızlı koşmuş olursanız olun, bitirme noktasına ne kadar yakınlaşmış olursanız olun, eğer yarışı bırakırsanız, bu sizin için yarışın sonudur.

Sağlam durduğunuzu varsaymayın

Tanrı bize "ılık" olursak terk edileceğimizi söyler (Vahiy 3:16). İmanlı kadın/erkek olsanız dahi her zaman Kutsal Ruh ile dolu olmalı, Tanrı için tutkunuzu muhafaza etmeli ve coşkulu bir şekilde göksel egemenliğe elinizi uzatmalısınız. Eğer yarı yolda yarışı bırakırsanız, tıpkı başlangıçtan beri bu yarışın içinde olmayanlar gibi kurtulamazsınız.

Bu sebepten dolayı tüm yüreğiyle Tanrı'ya sadakatle bağlı olan elçi Pavlus, *"Kardeşler, sizinle ilgili olarak Rabbimiz Mesih*

İsa'da sahip olduğum övüncün hakkı için her gün ölüyorum" (1. Korintliler 15:31) ve *"Müjde'yi başkalarına duyurduktan sonra kendim reddedilmemek için bedenime eziyet çektirip onu köle ediyorum"* (1. Korintliler 9:27).

Hatta başkalarına öğretecek konumda olsanız dahi eğer kendi düşüncelerinizi söküp atamıyor ve Pavlus'un yaptığı gibi bedeninizi kendinize köle etmek için eziyet çektirmiyorsanız, Tanrı sizi terk eder. Bunun nedeni, *"düşman iblisin kükreyen aslan gibi yutacak birini arayarak dolaşmasıdır"* (1. Petrus 5:8).

1. Korintliler 10:12 şöyle der, *"Onun için, ayakta sağlam durduğunu sanan dikkat etsin, düşmesin!"* Ruhani dünya sonsuzdur ve bizlerin Tanrı gibi olmaya çalışmamızın da sonu yoktur. Baharda çiftçinin ekinleri ekmesi, yazın toprağı terbiye etmesi ve sonbaharda hasadı toplaması gibi, ruhunuzu mükemmelleştirmek için sürekli ilerlemeli ve İsa Mesih ile karşılaşmak için kendinizi hazırlamalısınız.

Başı kıvırmak ve ayıklamak

Sağlam durduğunu düşündüğünden dolayı yüreğinin sünnetini gerçekleştiremeyen ve sonunda düşen bu ruhu ne tip bir ceza beklemektedir?

Düşen melek, cehennem elçisine andıran bir makine ile ona işkence eder. Makine, cehennem elçisinden kat be kat büyüktür ve sadece şöyle bir bakmak bile ruhun üzerine korku salar. İşkence makinelerinin ellerinde, normal insan parmaklarından daha uzun ölçülerde sivri uçlu parmaklar vardır.

Bu büyük işkence makinesi ruhu sağ eliyle boynundan yakalar ve başı kavrayan ve beyni delen sol elinin parmaklarıyla ruhun boynunu çevirir. Bunun ne kadar acı verici olduğunu hayal edebilir misiniz?

Fiziksel acı muazzam ve ruhsal azap dayanılmazdır. Ruhun gözlerinin önünden bu hayatta Tanrı'nın lütfunu ilk kez aldığı, O'na övgüler yağdırdığı ve İsa'nın *"gidin, bütün ulusları öğrencilerim olarak yetiştirin"* (Matta 28:19), buyruğunu gerçekleştirmek için hevesli olduğu o mutlu anlar geçer.

Ruhsal işkence ve alay

Ruh için her sahne kalbine saplanan bir bıçak gibidir. Oysa bir zamanlar kudretli Tanrı'nın bir hizmetkârı ve görkemli Yeni Yeruşalim'de ikamet etmek için umutla dolu biriydi. Şimdi ise bu berbat yerde bir mahkûmdur. Bu keskin zıtlık yüreğini bin bir parçaya ayırır. Ruh daha fazla ruhsal işkenceye katlanamaz, kanla kaplı ve darmadağınık başını ellerinin arasına gömer. Merhamet ve işkencelere son verilmesi için yalvarır ama ıstırabının sonu yoktur.

Bir süre sonra işkence makinesi ruhu yer seviyesine düşürür. Ruhun can çekişini izleyen cehennem elçileri hemen etrafına üşüşür ve "Nasıl Tanrı'nın hizmetkârı olabildin? Şeytanın elçisi oldun ve şimdi de şeytanın eğlencesisin." diyerek alay ederler.

Alayları dinlerken ve merhamet için hıçkıra hıçkıra ağlarken, işkence makinesinin sağ elinin iki parmağı onu boynundan yakalar. Ruhun kıvranışlarını hiç dikkate almadan, boynunun yüksekliğinde onu kaldırır ve sol elinin keskin parmaklarını başına batırır. Makine, geçmiş anıları tekrar oynatarak işkenceye işkence katar. Bu işkence, Yargı Gününe kadar sürüp gidecektir.

5. Bir Ağacın Gövdesine Bağlanma

Bu, bir zamanlar kilisesinin üyelerine öğretmenlik yapan ve çok önemli konumların yetkisini elinde bulunduran eski bir hizmetkârın cezasıdır.

Kutsal Ruh'a karşı gelme

Bu ruhun doğasında şöhret, maddi kazanç ve güç için güçlü bir arzu vardı. Hevesle vazifelerini yerine getirdi ama kendi kötülüğünü kavramadı. Bir zaman sonra dua etmeye son verdi ve dolayısıyla yüreğinin sünnetini gerçekleştirmek için yaptığı çabaları etkin bir şekilde sonlandırdı. Farkında olmadan tüm kötülükler içinde zehirli bir mantar gibi büyüdü ve hizmet ettiği kilise güçlüklerle yüzleştiğinde, hemen şeytanın gücü onu devraldı.

Şeytan tarafından aklı çelinip Kutsal Ruh'a karşı geldiği zaman, günahları daha da ciddi bir hale büründü çünkü kilisesinin lideri konumundaydı ve pek çok kilise üyesini olumsuz yönde etkilemekle kalmadı ama ayrıca Tanrı'nın egemenliğine de mani oldu.

Hem işkence hem de alaya maruz kalma

Bu adama, aşağı ölüler diyarında bir ağacın gövdesine

bağlanma cezası verilir. Cezası, Yahuda İskariot kadar ağır değildir ama hala sert ve dayanılmazdır.

Cehennem elçileri, ruha en mutlu anlarından oluşan bir slayt gösteri sunar. Özellikle bu sahneler, ruhun sadık bir hizmetkâr olduğu zamanları gösterir. Bu ruhsal işkence, bir zamanlar mutlu olduğunu ve Tanrı'nın bolca lütuflarını alma şansı olduğunu ama açgözlülüğü ve yanlışlığı yüzünden asla yüreğin sünnetini gerçekleştirmediğini ve şimdi burada korkunç bir cezaya çarptırılmış olduğunu hatırlatır.

Tavandan aşağıya sayısız siyah meyve sarkar ve ruha bu slayt gösteriyi gösterdikten sonra tavanı işaret edip alay ederek, "Açgözlülüğün böyle meyve verdi" derler. Sonra meyveler teker teker düşer. Her bir meyve, Tanrı'ya kafa tutuğunda kendisini izleyenlerin kafasıdır. Onlarda ruhla birlikte aynı günahı işlemişler ve bedenlerinin geriye kalan kısımları korkunç işkencelerden sonra kesilmiştir. Sadece tavandan sarkan kafaları kalmıştır. Ağaca bağlanan ruh, açgözlülüğün ve kötülüğün yolunu izlemeleri için yeryüzünde bu insanların akıllarını çelmiş ve baskı yapmıştır. Böylece onun açgözlülüğünün meyveleri olmuşlardır.

Cehennemin bir hizmetkârı onunla alay ettiği zaman, bu alay, meyvelerin yere düşmesi ve patlaması için bir sinyal görevini görür. Sonra bir parmak şaklatmasıyla çuvaldan çıkan bir kafa yuvarlanır. Boğazı kesilen bir karakterin gösterildiği drama, tarihi ve aksiyon belgeselleri ve filmlerde, ölen karakterin darmadağınık saçları, kan içersinde ki yüzü, su toplamış dudakları ve göze çarpan gözleriyle kafası resmedilir. Tavandan sarkan başlar da bu tür drama ya da filmlerde gösterilen kafalara benzer.

Tavandan düşen kafalar ruhu kemirir

Ürkütücü kafalar tavandan düştüğü zaman teker teker ruha yapışır. Önce bacaklara yapışır ve ısırırlar.

Bu canın gözleri önünden başka slayt gösteriler geçmeye başlar ve cehennem elçileri onunla yine "Bak, açgözlülüğün işte böyle sallanıyor!" diye alay ederler. Sonra tavandan başka bir çuval yere düşer, patlar ve başka bir kafa sıkıca yapışarak nefretle ruhun kollarını ısırır.

Bu şekilde cehennem elçisi her ne zaman ruhla alay etse, tavandan kafalar teker teker yere düşer. Bu kafalar, bolca meyve veren bir ağaç gibi ruhun bedeninde sallanırlar. Bu kafaların ısırmasının verdiği acı, yeryüzünde ki bir insan ya da hayvanın ısırmasının verdiği acıdan tamamıyla farklıdır. Bu kafaların keskin dişlerinden yayılan zehir, ısırılan bölgeden iç kemiklere doğru ilerler ve bedeni kaskatı ve koyu bir hale büründürür. Bu acısı öylesine büyüktür ki böcekler tarafından kemirilmek ya da hayvanlar tarafından parçalanmak çok daha az acı verici görünür.

Sadece bir kafayla bırakılan ruhlar, bedenlerinin diğer bölümlerinin kesilmesi ve parçalanması işkencesini çekmek zorundadırlar. Bu ruha karşı nasıl bir kin besliyorlardır? Kendi kötülükleri nedeniyle Tanrı'ya kafa tutmuş olmalarına rağmen, düşüşlerinin bedelini ona ödetme arzusu, kin ve çaresizlikle doludur.

Ruh, açgözlülüğü sebebiyle cezalandırıldığını bilmektedir. Ama günahlarından pişmanlık duymak ya da tövbe etmek yerine, bedenini ısıran ve parçalayan diğer ruhların kafalarına lanet okumakla meşguldür. Zaman geçtikçe ve acı çoğaldıkça,

Cehennem

ruh daha da kötüleşir ve şeytani bir hal alır.

Bağışlanamayacak günahlar işlememelisiniz

Tanrı'ya kafa tutan insanların çarptırıldığı beş çeşit cezanın örneğini sizlere verdim. Böylesi canlar, diğerlerine nazaran daha ağır cezalara çarptırılırlar çünkü hayatlarının belli bir döneminde kilise liderleri olarak Tanrı'nın egemenliğini genişletmek için çalışmışlardır.

Burada, aşağı ölüler diyarına düşen ve cezalara maruz kalan pek çok ruhun, zamanında Tanrı'ya inandıklarını ve O'na, O'nun hizmetkârlarına ve Kilisesine isteklice ve sadakatle hizmet ettiklerini düşündüklerini aklımızda tutmalıyız.

Dahası, Kutsal Ruh'a karşı asla konuşmamanız, karşı gelmemeniz veya küfür etmemeniz gerektiğini de unutmamalısınız. Özellikle Tanrı'ya olan imanlarını dile getirdikten ve bizzat Kutsal Ruh'un eserlerine şahit olduktan sonra O'na kafa tutanlara tövbe ruhu verilmeyecektir. Bu yüzden onlar tövbe bile edemezler.

Hizmetimin ilk günlerinden bu güne dek, asla bir başka kiliseyi ya da Tanrı'nın diğer hizmetkârlarını eleştirmedim ve asla onları "sapkın" olarak suçlamadım. Eğer diğer kilise ve rahiplerde Üçlü Birliğe inanıyor, göksel egemenlikle cehennemin var olduğunu onaylıyor ve İsa Mesih'in aracılığıyla kurtuluşu müjdeliyorlarsa, sapkın olmaları nasıl mümkün olabilir?

Bunun yanı sıra, Tanrı'nın yetki ve varlığının bir hizmetkârının aracılığıyla ortaya konduğu bir kiliseyi suçlamak ve etiketlemek, net bir şekilde Kutsal Ruh'a karşı gelmektir.

Böylesi bir günah için, bir bağışlanma olmayacağını aklınızda tutmalısınız.

Böylece, gerçek keşfedilene kadar kimse kimseyi "sapkın" olarak suçlayamaz. İlaveten, dilinizle Kutsal Ruh'a mani olma ya da kafa tutma günahını asla işlememelisiniz.

Tanrı tarafından verilen vazifeleri terk ederseniz

Hiçbir koşul altında kendi takdir yetkimize dayanarak Tanrı tarafından verilen vazifelerimizi asla terk etmemeliyiz. İsa, emanet para benzetmesiyle vazifelerin önemi üzerinde durmuştur (Matta 25).

Yolculuğa çıkmak üzere olan bir adam vardı. Kölelerini bir emirle çağırdı ve her birinin yeteneklerin uygun olarak malını onlara emanet etti. İlk kölesine beş, ikincisine iki ve sonuncusuna da bir talant verdi. Birinci ve ikinci köle parayı işleterek iki katı talant kazandı. Ama bir talant alan köle ise toprağı kazıp efendisinin parasını oraya sakladı. Uzun zaman sonra bu kölelerin efendisi döndü, onlarla hesaplaşmaya oturdu. Beş talant ve iki talant verilen köleler iki katına çıkardıkları talantları gösterdiler. Efendileri "Aferin, iyi ve güvenilir köle." diyerek ikisine de övgüler yağdırdı. Bir talant alan köle ise atıldı çünkü parayı işlememiş ve hiçbir faiz kazanmamış ama aksine onu olduğu gibi tutmuştu.

Bu benzetmede ki "talant," Tanrı tarafından verilen herhangi bir vazifeyi simgeler. Görüyorsunuz ki Tanrı, vazifesini sadece tutan kişiye sırtını dönmüştür. Ama çevremizde ki pek çok insan, Tanrı tarafından kendileri verilmiş olan vazifeleri terk ederler.

Kendi başlarına vazifelerini terk edenlerin kesinlikle yargı Gününde yargılanacaklarını kavramalısınız.

İkiyüzlülüğü söküp atın ve yüreğinizin sünnetini gerçekleştirin

İsa, Yasa'nın öğretmenlerini ve Ferisiler ikiyüzlülüler diye azarladığında yüreğin sünnetinin önemine değinmişti. Yasa'nın öğretmenleri ve Ferisiler, sadık bir hayat sürüyor gibi görünüyorlardı ama yürekleri şeytanlıkla doluydu ve İsa onları badanalı mezarlara benzeterek azarlamıştı.

"Vay halinize ey din bilginleri ve Ferisiler, ikiyüzlüler! Siz dıştan güzel görünen, ama içi ölü kemikleri ve her türlü pislikle dolu badanalı mezarlara benzersiniz. Dıştan insanlara doğru görünürsünüz, ama içte ikiyüzlülük ve kötülükle dolusunuz" (Matta 23:27-28).

Eğer yüreğiniz kıskançlık, nefret ve kibirle doluysa makyaj yapmanızın veya en güzel giysilerinizi giymenin bir faydası yoktur. Tanrı, her şeyden daha fazla yüreklerimizin sünnetini gerçekleştirmemizi ve kötülüğü içimizden atmamızı ister.

Hristiyanlaştırma, kilise üyeleriyle ilgilenme ve kiliseye hizmet etmenin hepsi çok önemlidir. Ama en önemli şey Tanrı'yı sevmek, ışıkta yürümek ve daha fazla Tanrı gibi olmaktır. Tanrı, nasıl kutsal ise sizde kutsal olmalı ve nasıl mükemmel ise sizde öyle mükemmel olmalısınız.

Eğer şu anda gösterdiğiniz heves yüreğinizden ve bütünüyle imanınızdan değilse, her zaman için bozulur ve dolayısıyla Tanrı'yı hoşnut edemez. Ancak kutsal ve bütün olabilmek için bir kişi yüreğinin sünnetini gerçekleştiriyorsa, bu kişinin yüreğinden Tanrı'yı gerçek anlamıyla hoşnut eden güzel bir koku yayılır.

Bunun yanı sıra ne kadar çok Tanrı sözünü öğrenmiş ve biliyor olsanız da sizin için en önemli şey, söze göre yaşamak ve düşüncenizi söze göre davranmak için ayarlamaktır. Her zaman azap veren cehennemin var olduğunu aklınızda tutmalı, yüreğinizi arıtmalısınız. Böyle Rab İsa geri geldiğinde, O'nu ilk kucaklayanlardan biri sizi olacaksınız.

1. Korintliler 2:12-14 bize şöyle der, *"Tanrı'nın bize lütfettiklerini bilelim diye, bu dünyanın ruhunu değil, Tanrı'dan gelen Ruh'u aldık. Ruhsal kişilere ruhsal gerçekleri açıklarken, Tanrı'nın lütfettiklerini insan bilgeliğinin öğrettiği sözlerle değil, Ruh'un öğrettiği sözlerle bildiririz. Doğal kişi, Tanrı'nın Ruhu'yla ilgili gerçekleri kabul etmez. Çünkü bunlar ona saçma gelir, ruhça değerlendirildikleri için bunları anlayamaz."*

Tanrı tarafından bize ifşa edilen Kutsal Ruh'un işleri ve yardımı olmadan benliğin dünyasında ki biri nasıl ruhani meselelerden konuşabilir ve onları anlayabilir?

Tanrı'nın bizzat kendisi, cehennemle ilgili bu tanıklığı yapmıştır ve dolayısıyla onun her parçası gerçektir. Cehennem cezaları öylesine dehşet vericidir ki her bir detayını ortaya koymak yerine sadece birkaç tanesini yazmayı uygun buldum.

Ayrıca aşağı ölüler diyarına düşen pek çok insan arasında bir zamanlar Tanrı'ya bağlı ve sadık olanların olduğunu da aklınızda tutun.

Eğer uygun nitelikleriniz yoksa, yani dua etmeyi ve yüreğinizin sünnetini gerçekleştirmeyi bıraktıysanız, hemen her zaman Tanrı'ya karşı gelen şeytan tarafından aklınız çelinecek ve sonunda kendinizi cehennemde bulacaksınız.

Cehennemin ne kadar korkunç ve dehşet verici bir yer olduğunu kavramanız, kurtarabileceğiniz kadar çok canı kurtarmanız, kendinizi adayarak dua etmeniz, şevkle müjdeyi duyurmanız ve her zaman tam bir kurtuluşa sahip olmak için kendinizi incelemeniz için Rab'bin adıyla dua ediyorum.

Bölüm 7

Büyük Sıkıntı Zamanında Kurtuluş

1. Mesih'in Gelişi ve Büyük Coşku
2. Yedi-Yıllık Büyük Sıkıntı
3. Büyük Sıkıntı Sırasında Şehitlik
4. İsa'nın İkinci Gelişi ve Mutluluk Çağı (Bin Yıl)
5. Rab'bin Güzel Gelini Olmak İçin Hazırlanma

"Göksel egemenliğin bu Müjdesi
bütün uluslara tanıklık olmak üzere dünyanın
her yerinde duyurulacak. İşte o zaman son gelecektir."
- Matta 24:14 -

"Onları üçüncü bir melek izledi. Yüksek sesle şöyle diyordu:
"Bir kimse canavara ve heykeline taparsa, alnına ya da eline
canavarın işaretini koydurursa, Tanrı gazabının kâsesinde saf
olarak hazırlanmış Tanrı öfkesinin şarabından içecektir.
Böylelerine kutsal meleklerin ve Kuzu'nun önünde ateş
ve kükürtle işkence edilecek. Çektikleri işkencenin dumanı
sonsuzlara dek tütecek. Canavara ve heykeline tapıp onun
adının işaretini alanlar gece gündüz rahat
yüzü görmeyecekler."
- Vahiy 14:9-11 -

Bu günün tarihi akışına veya Kutsal Kitap'ta ki kehanetlere dikkat ettiğimizde, zamanın olgunlaşmış ve Rab'bin gelişine yakın olduğunu kavrarız. Son zamanlarda büyüklükleri her yüzyılda bir birbirine denk gelen sayısız deprem ve seller oluşmaktadır.

Bunlara ek olarak sıklıkla büyük bir alana yayılan orman yangınları, kasırgalar ve tayfunlar, arkalarında yıkım ve muazzam zararlar bırakır. Uzun yıllar süren kuraklık yüzünden Afrika ve Asya'da pek çok insan açlıktan çekmiş ve açlık nedeniyle ölmüşlerdir. Dünyanın büyük bir kısmı ozon tabakasının delinmesi, küresel ısınma, "La Niña," ve diğerleriyle anormal hava koşullarına tanık olmuş ve yaşamışlardır.

Dahası ülkeler arasında ki savaşların ve çatışmaların, terörist aktivitelerin ve diğer şiddet içerikli olayların sonu gelmez gibi görünmektedir. İnsanoğlunun ahlaki ilkelerinin çok ötesinde ki canavarlıklar günlük hayatın olağan bir durumu haline gelmiş ve kitle iletişim araçlarıyla sergilenmiştir.

İki bin yıl önce bu fenomen, öğrencisini cevaplayan İsa Mesih tarafından önceden bildirilmişti, *"Söyle bize, Bu dediklerin ne zaman olacak, senin gelişini ve çağın bitimini gösteren belirti ne olacak?"* (Matta 24:3)

Günümüz için şu ayetler ne kadar da yerindedir?

"Ulus ulusa, devlet devlete savaş açacak; yer yer kıtlıklar, depremler olacak. Bütün bunlar, doğum sancılarının başlangıcıdır" (Matta 24:7-8).

Bu yüzden gerçek bir iman sahibiyseniz, İsa'nın dönüş gününün çok yakın olduğunu bilir ve tıpkı beş akıllı bakire kız gibi tetikte olursunuz (Matta 25:1-13). Kandilleri için yağı hazır bulundurmayan diğer beş kız gibi asla terk edilmemelisiniz.

1. Mesih'in Gelişi ve Büyük Coşku

Takribi iki bin sene önce Rab İsa, çarmıhta can verdi, üçüncü gün ölümden dirildi ve pek çok insandan önce göğe yükseldi. Elçilerin işleri 1:11 bize şöyle der *"Aranızdan göğe alınan İsa, göğe çıktığını nasıl gördünüzse, aynı şekilde geri gelecektir."*

İsa bulutlar içinde dönecek

İsa Mesih, kurtuluş yolunu bizlere açmış, göğe yükselmiş, Tanrı'nın sağ tarafında oturmakta ve bize göksel yerlerimizi hazırlamaktadır. Tanrı'nın seçme zamanı geldiğinde ve göksel evlerimiz hazırlandığında, İsa'nın, Yuhanna 14:3 ayetinde *"Gider ve size yer hazırlarsam, siz de benim bulunduğum yerde olasınız diye yine gelip sizi yanıma alacağım."* diye önceden bildirdiği gibi gelip bizleri alacaktır.

Geri gelen İsa'nın görünüşü nasıl olacaktır?

1. Selanikliler 4:16-17 ayetleri İsa'nın sayısız göksel varlık, meleklerle ve Mesih'te ölenlerle birlikte göklerden ineceği bir sahneyi betimler.

Rab'bin kendisi, bir emir çağrısıyla, başmeleğin seslenmesiyle, Tanrı'nın borazanıyla gökten inecek. Önce Mesih'e ait ölüler dirilecek. Sonra biz yaşamakta olanlar, hayatta olanlar, onlarla birlikte Rab'bi havada karşılamak üzere bulutlar içinde alınıp götürüleceğiz. Böylece sonsuza dek Rab'le birlikte olacağız.

İsa Mesih'in bulutlar içinde sayısız göksel varlık ve meleklerle çevrelenmiş olarak geri gelmesi ne kadar da harika! O vakit imanlarıyla kurtulmuş tüm insanlar bulutlar içinde alınıp götürülecek ve Yedi-Yıllık Düğün Şölenine katılacak.

Çoktan ölmüş olanlar ama Mesih'te kurtulanlar önce dirilecek ve bulutlar içinde alınacaklar. Onları, İsa'nın geri geldiği zaman hala hayatta olanların bedenleri çürümeyen bedenlere dönüşerek izleyecektir.

Büyük sevinç ve Yedi-Yıllık Düğün Şöleni

"Büyük sevinç," inananların göğe alınacağı olaydır. Peki, 1. Selanikliler 4 ayetinde belirtilen "hava" nerededir?

"Bu dünyanın gidişine ve havadaki hükümranlığın egemenine, yani söz dinlemeyen insanlarda şimdi etkin olan ruha uymaktaydınız," diyen Efesliler 2:2'ye göre "hava," kötü ruhların etkin olduğu yerdir.

Ancak kötü ruhların olduğu bu yer, Yedi-Yıllık Düğün Şöleninin yapılacağı yere işaret etmez. Babamız Tanrı, şölen için farklı bir yer hazırlamıştır. Kutsal Kitap'ın hazırlanan yeri "hava" diye çağırmasının sebebi, aslında kötü ruhların yaşadığı yerle bu yerin aynı alan içinde olmasıdır.

Gökyüzüne şöyle bir baktığınızda, İsa ile buluşacağınız ve Yedi-Yıllık Düğün Şöleninin gerçekleşeceği "hava" denilen yeri gerçekte nerede olduğunu anlamakta güçlük çekersiniz. Bu soruların cevabı, "Yaratılış Kitap'ı Üzerine Konuşmalar" ve iki bölümden oluşan "Göksel Egemenlik" kitaplarında bulunur. Lütfen bu mesajlara bakınız çünkü ruhani dünyayı doğru bir şekilde anlamak ve Kutsal Kitap'a olduğu gibi inanmak için hayati önem taşır.

Kendilerini İsa'nın bir gelini olarak hazırlayan inananlarının sonunda güveyleri İsa ile karşılaştıklarında ve yedi yıl sürecek düğün şölenine katıldıklarında nasıl mutlu olacaklarını hayal edebiliyor musunuz?

> *"Sevinelim, coşalım! O'nu yüceltelim! Çünkü Kuzu'nun düğünü başlıyor, Gelini hazırlandı. Giymesi için ona temiz ve parlak İnce keten giysiler verildi."* İnce keten kutsalların adil işlerini simgeler. Sonra melek bana, *"Yaz!"* dedi. *"Ne mutlu Kuzu'nun düğün şölenine çağrılmış olanlara!"* Ardından ekledi: *"Bunlar gerçek sözlerdir, Tanrı'nın sözleridir"* (Vahiy 19:7-9).

Bir yandan havaya alınan inananlar dünyanın üstesinden geldikleri için ödül alırlarken, diğer yandan alınmayanlar, İsa döndüğü zaman havadan yeryüzüne atılacak kötü ruhlar tarafından tasavvur edilemez büyüklükte sıkıntılar çekeceklerdir.

2. Yedi-Yıllık Büyük Sıkıntı

Kurtulan inançlılar, İsa ile birlikte yedi yıl boyunca sürecek şölen ziyafetinin tadını çıkarırken, O'nunla sevinçlerini paylaşırken ve mutlu geleceklerinin planlarını yaparken, geride bırakılan dünyadakiler, eşi görülmemiş sıkıntılarla yüzleşirler ve başlarına anlatılamaz, dehşet verici belalar gelir.

Üçüncü Dünya Savaşı ve canavarın işareti

Yaklaşmakta olan küresel çapta nükleer savaş esnasında, yani Üçüncü Dünya Savaşında yeryüzünde ki ağaçların üçte biri yanacak ve insanoğlunun üçte biri de yok olacaktır. Aynı savaş esnasında, ileri safhada kirlilik yüzünden nefes alınacak hava ve temiz su bulmak zorlaşacak ve gıda ve gerekli şeylerin fiyatları had safhaya yükselecektir.

Canavarın işareti olan "666" sunulacak ve herkes ya sağ eline ya da alnına bu işareti vurdurmak zorunda kalacaktır. Eğer kişi, bu işareti almayı reddederse, kimliği doğrulanmayacak ve bu kişi ne mal alabilecek ne de satabilecektir.

"Küçük büyük, zengin yoksul, özgür köle, herkesin sağ eline ya da alnına bir işaret vurduruyordu. Öyle ki, bu işareti, yani canavarın adını ya da adını simgeleyen sayıyı taşımayan ne bir şey satın alabilsin, ne de satabilsin. Bu konu bilgelik gerektirir. Anlayabilen, canavara ait sayıyı hesaplasın. Çünkü bu sayı insanı simgeler. Sayısı 666'dır" (Vahiy 13:16-18).

İsa'nın İkinci gelişi ve Büyük Sevinç sonrası geride kalanlar arasında müjdeyi duymuş ya da kiliseye gitmiş olanlar vardır ve şimdi Tanrı'nın sözünü hatırlarlar.

Aralarında ayrıca kasıtlı olarak imanlarını terk eden ve Tanrı'ya inanmış olduklarını düşünen ama yine de geride bırakılanlarda vardır. Eğer bu kişiler tüm yürekleriyle Kutsal Kitap'a inanmış olsalardı, Mesih'te iyi hayatlar sürerlerdi.

Aksine her zaman ılıktılar ve kendilerine, "Ancak öldükten sonra göklerin veya cehennemin var olduğunu bileceğim." diyorlardı. Dolayısıyla kurtuluş için gerekli imana sahip değillerdi.

Canavarın işaretinin vurulduğu kişilerin cezaları

Böyle kişiler, ancak Büyük Sevinç'e şahit olduktan sonra Kutsal Kitap'ta ki her bir Sözün gerçek olduğunu kavrarlar. Acı içinde üzüntü çeker ve ağlarlar. Büyük bir korkunun esiri olmuş bir şekilde, Tanrı'nın isteğine göre yaşamadıklarından dolayı tövbe eder ve çaresizce kurtuluş yolunu ararlar. Dahası, canavarın işaretini almanın onları doğrudan cehenneme sürükleyeceğini bildiklerinden onu almaktan kaçınmak için her türlü yolu denerler. Bu yolla bile imanlarını kanıtlamaya çalışacaklardır.

"Onları üçüncü bir melek izledi. Yüksek sesle şöyle diyordu: 'Bir kimse canavara ve heykeline taparsa, alnına ya da eline canavarın işaretini koydurursa, Tanrı gazabının kâsesinde saf olarak hazırlanmış Tanrı öfkesinin şarabından içecektir.' Böylelerine kutsal meleklerin ve Kuzu'nun önünde ateş ve kükürtle

işkence edilecek. Çektikleri işkencenin dumanı sonsuzlara dek tütecek. Canavara ve heykeline tapıp onun adının işaretini alanlar gece gündüz rahat yüzü görmeyecekler. Bu da, Tanrı'nın buyruklarını yerine getiren, İsa'ya imanlarını sürdüren kutsalların sabrını gerektirir" (Vahiy 14:9-12).

Ancak, özellikle kötü ruhların her yerde egemen olduğu bir dünya da canavarın işaretini almayı reddetmek hiçte kolay değildir. Aynı zamanda kötü ruhlar, insanlar, 666 sayısını reddedip bir şehit gibi öldüklerinde kurtuluşa nail olacaklarını da bilir. Bu yüzden kötü ruhlar kolayca pes etmezler.

İki bin yıl kadar önce erken kilise dönemi sırasında, pek çok hükümet kurumu Hrıstiyanlara, çarmıha gererek, başlarını uçurarak ve aslanlara yem ederek zulmetti. Eğer insanlar böyle zulüm görüp öldürülseydi, sayısız insan Yedi Yıllık Büyük Sıkıntı zamanında çabuk ölüme kavuşabilecekti. Ancak bu yedi yıllık süre içersinde kötü ruhlar, geride kalanlar için olayları hiçte kolay bir hale sokmazlar. Kötü ruhlar, insanlara karşı ellerinde bulundurdukları her kaynağı harekete geçirerek insanların İsa'yı inkâr etmeye zorlarlar. Bunun anlamı, insanların işkencelerden kaçınmak için intihara teşebbüs edecekleri demek değildir çünkü intihar sadece cehenneme sürükler.

Şehit olacak olanlar

Kötü ruhlar tarafından kullanılan bazı gaddar yöntemleri zaten anlattım. Büyük Sıkıntı zamanı, tasavvur dahi edemeyeceğiniz işkence yöntemleri serbest bir şekilde kullanılır. Dahası işkenceye katlanmak hemen hemen imkânsız olduğundan sadece çok az sayıda insan bu dönemde kurtuluşa nail olur.

Bu sebeple hepimiz ruhani açıdan her zaman uyanık olmalı ve bizleri Mesih'in İkinci Gelişinde havaya alınmamızı sağlayan imana sahip olmalıyız.

Dua ederken, Tanrı bana Büyük Sevinç ertesinde geri de kalan insanların maruz kaldığı çeşitli işkenceleri bir görünüm gösterdi. İnsanların çoğunluğunun bu işkencelere katlanamadığını ve sonunda kötü ruhlara direnemediğini gördüm.

İşkence, insanların derilerini yüzmekten, eklemlerini kırıp parçalamaya, parmaklarını doğramaya ve kaynar yağı üzerlerine dökmeye kadar değişir. Kendilerine yapılan işkencelere katlanabilenlerden bazıları, anne-babalarına ve çocuklarına yapılan işkenceleri görmeye dayanamazlar ve onlarda 666 işaretine direnemezler.

Tüm akıl çelmeler ve işkencelerin üstesinden gelebilen hala az sayıda insanda bulunur. Bu insanlar, kurtuluşa nail olurlar. Her ne kadar utanç verici kurtuluş olsa da ve göksel egemenliğe ait cennete girseler de, cehenneme düşmedikleri için çok mutlu ve minnetle dolu olurlar.

Bu yüzden bu cehennem mesajını tüm dünyaya duyurmakla yükümlüyüz. Şimdi her ne kadar insanlar dikkate almıyormuş gibi görünse de, eğer Büyük Sıkıntı zamanı bu mesajı hatırlarlarsa kurtuluş yollarını açacaktır.

Bazı insanlar, eğer Büyük Sevinç gerçekten gerçekleşirse ve geride bırakılanlar arasında olurlarsa, şehitler olarak öleceklerini söylerler.

Ancak böylesi huzur ortamında dahi imanları yoksa nasıl bu kadar gaddar işkenceler ortasında imanlarını savunabilirler? Önümüzde ki on dakika içersinde kendimize neler olacağını dahi önceden söyleyemeyiz. Bir şehit olarak ölebilme fırsatını yakalamadan ölürlerse, onları bekleyen sadece cehennemdir.

3. Büyük Sıkıntı Sırasında Şehitlik

Büyük sıkıntı zamanı işkencelerini daha kolayca anlamanıza ve kaçınabilmeniz için ruhani açıdan uyanık olmanıza yardım etmek için size bir ruhun örneğini vereceğim.

Bu kadın, Tanrı'nın taşan lütuflarını aldığından Tanrı ile ilgili büyük, görkemli ve hatta gizli şeyleri görebiliyor ve duyabiliyordu. Ama yüreği kötülükle doluydu ve çok az imanı vardı.

Böylesi Tanrı vergisi yeteneklerle önemli vazifeleri yerine getirdi, Tanrı'nın egemenliğinin genişlemesi için önemli roller üstlendi ve sıklıkla eylemleriyle Tanrı'yı hoşnut etti. İnsanlar için, "Kilisede önemli görevleri olan kimseler, iman sahibi erkek ve kadınlar" olmalı diye düşünmesi kolaydır.

Ancak bu ille de doğru değildir. Tanrı'nın nazarında imanları gerçekten "büyük" olmanın dışında her şey olan sayısız insan vardır. Tanrı, benliğin imanını değil ama ruhani imanı ölçüt olarak alır.

Tanrı, ruhani iman ister

İsraillilerin Mısır'dan çıkış vakası yoluyla "ruhani imanı"

kısaca inceleyelim. İsrailliler Tanrı'nın on belasına şahit olup yaşadılar. Kızıldeniz'in ikiye ayrılışına ve Firavun ile ordusunun akıntıyla yok oluşuna tanık oldular. Tanrı'nın gündüzün bir bulut sütunu ve geceleyin bir ateş sütunu içinde ışık verişini yaşadılar. Her gün göklerden gelen manı yediler, bulutlar içinde oturan Tanrı'nın sesini duydular ve ateşle yaptığı işleri gördüler. Musa'nın değneğiyle vurup su fışkırttığı kayadan içtiler ve Mara'nın acı suyunun tatlı suya dönüşüne tanık oldular. Yaşayan Tanrı'nın defalarca işlerine ve işaretlerine tanık olmuş olsalar da imanları ne Tanrı'yı hoşnut eden ne de O'nun tarafından kabul gören cinstendi. Bu yüzden sonunda vaat edilen Kenan topraklarına giremediler (Çölde Sayım 20:12).

Kişi, Tanrı Sözünü ne kadar biliyor olursa olsun ve ne kadar O'nun işlerine ve mucizelerine tanık olmuş ya da duymuş olursa olsun, eylemsiz bir imanı varsa, imanı gerçek değildir. Diğer yandan ise, ruhani imana sahip olursak, Tanrı'nın Sözünü öğrenmekten kedimizi alamayız. Söze itaat eder, yüreğimizin sünnetini gerçekleştirir ve her türlü kötülükten kaçınırız. "Büyük" ya da "küçük" olsun, imanımız, Tanrı'nın sözüne itaat ettiğimiz, Söze göre davranışlar sergileyip yaşadığımız ve Tanrı'nın yüreğini yansıttığımız şekilde belirlenir.

Kibirle tekrarlanan itaatsizlik

Bu açıdan kadının çok az imanı vardı. Bir süre için yüreğini sünnet etmeyi denedi ama tamamıyla kötülüğü terk etmedi. Tanrı'nın sözünü duyurma konumunda olduğundan daha da kibirleşti.

Oysa kadın gerçek ve büyük bir imanı olduğunu düşünüyordu. Daha da ileriye gitti ve kendinin bulunmadığı ve yardımı olmadığı ortamlarda Tanrı'nın isteğinin gerçekleştirilmeyeceğini ya da yerine getirilmeyeceğini düşündü. Gittikçe artar bir şekilde, Tanrı vergisi yetenekleri için Tanrı'ya övgüler etmek yerine, övgüleri kendisi almak istedi. Dahası, günahkâr doğasının tutkularını doyurmak için Tanrı'nın mülkünü kendi tasarrufunda kullandı.

Sürekli itaatsizlik etmeyi sürdürdü. Tanrı'nın isteğinin doğuya gitmesi olduğunu bile bile batıya yol alıyordu. İsrail'in ilk kralı Saul'u itaatsizliği yüzünden Tanrı'nın terk etmesi gibi (1. Samuel 15:22-23), insan, vakti zamanında Tanrı'nın egemenliğini genişletmek ve gerçekleştirmek için kullanılan Tanrı araçları olsalar bile, tekrar eden itaatsizlikler sadece Tanrı'nın onlara yüzünü çevirmesiyle sonuçlanacaktır.

Bu kadın sözü bildiğinden dolayı günahlarından haberdardı ve sürekli tövbe etti. Ama tövbe duası sadece dudaklarındaydı, yüreğinden değildi. Sürekli aynı günahları işlemeye devam etti ve dolayısıyla Tanrı ile kendi arasında ki günah duvarını daha da yükseltti.

2. Petrus 2:22 bize şöyle der, *"Şu gerçek özdeyiş onların durumunu anlatıyor: 'Köpek kendi kusmuğuna döner', 'Domuz da yıkandıktan sonra çamurda yuvarlanmaya döner.'"* Günahlarından tövbe ettikten sonra, aynı günahları gün be gün işlemeye devam etti.

Sonunda kibrinin, açgözlülüğünün ve sayısız günahın esiri olduğundan Tanrı yüzünü ondan çevirdi ve nihayetinde Tanrı'ya karşı duran şeytanın bir oyuncağı oldu.

Tövbe için son fırsat verildiğinde

Genel olarak Kutsal Ruh'a karşı konuşan veya duran ve O'na küfredenler asla bağışlanmaz. Tövbe için asla bir fırsat onlara verilmeyecektir ve sonları aşağı ölüler diyarı olacaktır.

Ancak bu kadınla ilgili farklı bir durum söz konusudur. Tekrarlar bir şekilde Tanrı'yı üzüntüye boğan tüm günah ve kötülüklerine rağmen, Tanrı tövbe etmesi için ona son bir fırsat tanımıştır. Bunun nedeni kadının zamanında Tanrı'nın egemenliği için çok değerli bir araç olmasıdır. Her ne kadar bu kadın, vazifelerini, göksel egemenliğin görkem ve ödüllerinin vaadini terk etmiş olsa da, zamanında Tanrı'yı oldukça hoşnut ettiğinden Tanrı'da ona son bir şans tanımıştır.

Hala Tanrı'ya karşı gelmektedir ve içinde ki Kutsal Ruh çoktan yitip gitmiştir. Ancak Tanrı'nın özel bir lütfuyla bu kadına son bir kez tövbe etme ve bir şehit olarak Büyük Sıkıntı zamanında kurtuluşa nail olma hakkı verilmiştir.

Düşünceleri hala şeytanın kontrolü altındadır ama Büyük Sevinçten sonra, kendine gelecektir. Tanrı sözünü çok iyi bildiğinden, gelmekte olan yoldan da haberdardır. Şehitliğin, kurtuluşa erişebilmenin tek yolu olduğunu kavradığında tamamıyla tövbe edecek, geride bırakılan Hristiyanları bir araya toplayacak ve şehit düşmeye hazırlanırken onlarla birlikte dua edecektir.

Şehidin ölümü ve utanç verici kurtuluş

Zaman geldiğinde 666 işaretini almayı reddedecek ve akabinde şeytanın kontrolü altında olanlar tarafından işkence edilmek üzere alınacaktır. Derisini katman katman yüzecekler ve hatta vücudunun en zayıf ve en özel bölgelerini ateşle dağlayacaklar. En acı veren ve çok uzun süren bir işkence yöntemini bu kadın için tasarlayacaklar. Kısa zamanda odanın içi yanık beden kokusuyla dolacak. Bedeni baştan aşağı kana bulanacak ve yüzü bir cesedi andırırcasına koyu ve mavi renge bürünecek.

Geçmişte yapmış olduğu sayısız günah ve kötülüğe rağmen eğer bu acıya sonuna kadar katlanabilirse, en azından utanç verici kurtuluşa nail olabilecek ve cennete girebilecek. Tanrı'nın tahtının en uzak ve göksel egemenliğin en uç bölgesinde kalan cennette, bu hayatta yapmış olduğu eylemler için feryat edip ağlayacak. Elbette ki kurtulmuş olduğu için şükran ve sevinçle dolu olacak. Ancak çağlar boyu, "Eğer tüm yüreğimle kötülüğü terk edip Tanrı vergisi vazifelerimi yerine getirseydim, Yeni Yeruşalim'de ki en görkemli yerde olacaktım." diyerek Yeni Yeruşalim'e özlem duyacak. Bu dünyada tanıdığı insanların Yeni Yeruşalim'de yaşadığını gördüğünde, her zaman utanç ve mahcubiyet içinde olacak.

Eğer 666 işaretini alırsa

Eğer işkencelere katlanamaz ve Bin Yıl'dan önce canavarın işareti üzerine vurulursa, aşağı ölüler diyarına atılacak ve orada Yahuda İskariot'un hemen sağ arkasında ki çarmıha gerilerek cezalandırılacak. Aşağı ölüler diyarında ki cezaları, Büyük Sıkıntı zamanı maruz kaldığı işkencelerin bir devamı olacak. Bin Yıl'lık zaman içinde ise derisi yüzülecek ve mütemadiyen ateşle dağlanacak.

Cehennem elçileri ve onu izleyerek kötülük yapanlar, bu kadına işkenceler yapacaklar. Ayrıca onlarda kendi yapmış oldukları kötülükler için cezalandırılacak, acı ve öfkelerini de ondan çıkaracaklar.

Bin Yıl'ın sonuna kadar aşağı ölüler diyarında böyle cezalandırılacaklar. Yargıdan sonra ise bu canlar, daha şiddetli cezaların onları beklediği cehennemin ateş ve kükürt gölüne atılacaklardır.

4. İsa'nın İkinci Gelişi ve Mutluluk Çağı (Bin Yıl)

Daha önce de anlatıldığı gibi, İsa Mesih'in havada geri dönmesiyle bulutlar içinde alınanlar O'nunla yedi yıllık düğün şöleninin keyfini sürecek ve havada ki kötü ruhların serbest kalmasıyla geride kalanlar, Büyük Sıkıntı evresini yaşayacaklar.

Sonra ise İsa Mesih yeryüzüne dönecek ve Bin Yıl başlayacak. Bu dönemde kötü ruhlar dipsiz derinliğe atılacaklar. Yedi-Yıllık düğün Şölenine katılanlar ve Büyük sıkıntı dönemi şehitler olarak ölenler, İsa Mesih'le bin yıl boyunca yeryüzünü yönetecek ve O'nunla sevgisini paylaşacaklar.

"İlk dirilişe dahil olanlar mutlu ve kutsaldır. İkinci ölümün bunların üzerinde yetkisi yoktur. Onlar Tanrı'nın ve Mesih'in kâhinleri olacak, O'nunla birlikte bin yıl egemenlik sürecekler" (Vahiy 20:6).

Büyük Sıkıntı dönemini atlatan az sayıda ki bedensel insanda Bin Yıl boyunca dünyada yaşayacak. Ancak kurtuluşa nail olmadan ölmüş olanların aşağı ölüler diyarında ki azapları sürecek.

Mutluluk çağı (Bin Yıl) Krallığı

Bin yıl geldiğinde insanlar tıpkı Cennet Bahçesinde ki günler gibi huzurlu bir yaşamın tadını çıkaracaklar çünkü tek bir kötü ruh kalmayacak. İsa Mesih ve kurtulanlar, kralların şatolarına andıran bir şehirde bedensel insanlardan ayrı olarak yaşarlar. Şehirde ki ruhani insanlar ve Büyük sıkıntıdan sağ kalan bedensel insanlar şehrin dışında ikamet ederler.

Bin Yıl öncesi, İsa Mesih yeryüzünü temizler. Kirli havayı arındırır, ağaçları, bitkileri, dağları ve ırmakları yeniler. Güzel bir çevre yaratır.

Bedensel insanlar sıklıkla doğum yapma savaşı verirler çünkü sayıca çok az kişidirler. Temiz hava ve kötü ruhların yokluğu, hastalığa ve kötülüğe meydan vermez. Bedensel insanların yüreklerinde doğruluktan sapış ve kötülük, bu zaman esnasında açığa çıkmaz çünkü kötülük yayan kötü ruhlar dipsiz derinliğe atılmışlardır.

Tıpkı Nuh öncesi devirde ki gibi insanlar yüzlerce yıl yaşarlar. Bin yıl süresince yeryüzü insanlarla tekrar dolup taşar. İnsanlar et değil ama meyve yerler çünkü yaşamı yok etme olgusu hiç yoktur.

Dahası onların bu gün içinde bulunduğumuz bilimsel gelişim seviyesine ulaşmaları çok zaman alacaktır çünkü Büyük sıkıntı döneminde bunların pek çoğu savaşlarla yok edilecektir. Bilgi ve hikmetleri geliştikçe ve zaman geçtikçe medeniyet seviyeleri bu günün seviyesine erişebilir.

Ruhani ve bedensel insanlar birlikte yaşarlar

Yeryüzünde İsa Mesih ile birlikte yaşayan ruhani insanların, bedensel insanlar gibi yemesi gerekmez çünkü ruhani insanlar, dirilmiş ve bedenleri ruhani bedenlere dönüşmüş insanlardır. Genellikle çiçeklerden vs gelen güzel kokuyu tüketirler ama eğer arzu ederlerse, bedensel insanların tükettiği yiyecekleri de yiyebilirler. Ancak ruhani insanlar, fiziksel gıdalardan zevk almazlar ve yeseler bile, bedensel insanlar gibi dışkı yoluyla artıkları dışarı atmazlar. Bir parça balık aldıktan sonra dirilen bedende ki İsa'nın soluk alması gibi, ruhani insanların tükettiği gıdalar soluk alma yoluyla hava da ayrışır.

Ruhani insanlar, bedensel insanlara İsa Mesih'i duyururlar ki Bin Yıl sona erdiğinde dipsiz derinliklerden kısa süreliğine çıkacak kötü ruhlar akıllarını çelmesinler. Bu zaman, yargıdan öncedir. Tanrı, kötü ruhları ebediyen dipsiz derinliğe atmamış ama sadece bin yıl için atmıştır (Vahiy 20:3).

Bin Yılın Sonunda

Bin Yıl sona erdiğinde, bin yıl için dipsiz derinliğe atılan kötü ruhlar, kısa bir süreliğine serbest kalacaklar. Huzur içinde yaşayan insanların akıllarını çelmeye ve onları kandırmaya başlayacaklar. Ruhani insanlar onlara ne kadar öğretmiş olurlarsa olsunlar, bedensel insanların pek çoğunun akılları çelinecek ve kandırılacaklar. Her ne kadar ruhani insanlar onları gelecek şeyler hakkında uyarmışta olsa, bedensel insanların akılları yinede çelinecek ve ruhani insanlara karşı savaşmanın planlarını yapacaklar.

Bin yıl tamamlanınca Şeytan atıldığı zindandan serbest bırakılacak. Yeryüzünün dört bucağındaki ulusları – Gog'la Magog'u – saptırmak, savaş için bir araya toplamak üzere zindandan çıkacak. Toplananların sayısı deniz kumu kadar çoktur. Yeryüzünün dört bir yanından gelerek kutsalların ordugâhını ve sevilen kenti kuşattılar. Ama gökten ateş yağdı, onları yakıp yok etti (Vahiy 20:7-9).

Ancak Tanrı, savaş açan bedensel insanları ateşle yok edecek ve kısa bir süreliğine serbest bırakılan kötü ruhları Büyük Beyaz Tahtın Yargısından sonra tekrar dipsiz derinliğe atacak.

Sonunda Bin Yıl'lık çağ esnasında sayıca artan bedensel insanlarda Tanrı'nın adaletine göre yargılanacaklar. Bir yandan Kurtuluşa nail olmayan tüm insanlar – ki onların arasında Yedi Yıllık Büyük Sıkıntı zamanını atlatanlarda vardır – cehenneme atılırken, diğer yandan kurtuluşa nail olanlar göklere alınacak ve imanlarına göre Yeni Yeruşalim, Cennet vs gibi göksel yerlerde ikamet edecekler.

Büyük Beyaz Tahtın Yargısından sonra ruhani dünya göksel egemenlik ve cehennem olarak ikiye ayrılacak. Bununla ilgili bir sonraki bölümde daha fazla bilgi vereceğim.

5. Rab'bin Güzel Gelini Olmak İçin Hazırlanma

Büyük Sıkıntı zamanı geride bırakılmaktan kaçınmak için, kendinizi İsa Mesih'in güzel bir gelini olarak hazırlamalı ve geldiğinde O'nu karşılayabilmelisiniz.

Matta 25:1-13 ayetlerinde ki on kız benzetmesi, inananlar için büyük bir ders niteliği taşır. Tanrı'ya olan imanınızı dile getiriyor olsanız bile, eğer kandiliniz için yeterli yağınız yoksa güveyiniz İsa Mesih'i karşılayamayacaksınız. Beş kızın yağları, güveylerini karşılamak için hazırdı ve düğün şölenine alındılar. Ama diğer beşinin yağları hazır değildi ve şölene katılamadılar.

Öyleyse Rab'bin gelini olmak için bu akıllı beş kız gibi kendimizi nasıl hazırlayabilir ve Büyük sıkıntının içine düşmek yerine Düğün Şölenine nasıl katılabiliriz?

Kendinizi adayarak dua edin ve uyanık olun

Yeni bir inanan olup zayıf imanınız olsa bile, yüreğinizin sünnetini gerçekleştirmek için ne kadar çabalarsanız Tanrı'da sizi en şiddetli sınamalardan korur. Yüreğin sünneti ne kadar zor olursa olsun, Tanrı sizi yaşam battaniyesine sarar ve sınamaların kolaylıkla üstesinden gelmenizi sağlar.

Ancak Tanrı, uzun süre imanlı olup Tanrı tarafından verilen vazifeleri yerine getiren ve Tanrı sözü hakkında çok şey bilenleri, duayı, saflığa olan hayranlığı ve yüreklerinin sünnetini gerçekleştirmeyi bıraktıklarında korumaz.

Zorluklarla karşılaştığınızda onların üstesinden gelebilmek

için Kutsal Ruh'un sesini sezebilmelisiniz. Ancak dua etmezseniz, Kutsal Ruh'un sesini nasıl dinleyebilir ve nasıl zafer dolu bir yaşam sürdürebilirsiniz? Tamamıyla Kutsal Ruh ile dolu olmadığınızdan, fazlasıyla kendi düşüncelerinize dayanır ve şeytan tarafından aklınız çelinerek zamanla tökezlersiniz.

Dahası şimdi çağın sonuna yaklaştığımızdan kötü ruhlar kükreyen bir aslan gibi yutacak birilerini ararlar çünkü onlarda sonlarının yakın olduğunu bilirler. Sıklıkla tembel öğrencilerin sınavlar yaklaştıkça acele ile sınava hazırlandıklarını ve uykularından olduklarını görürüz. Aynı şekilde, eğer çağın sonuna yaklaşmakta olan günler içersinde olduğumuzun farkında bir inançlıysanız, uyanık olmalı ve kendinizi Rab'bin bir gelini olarak hazırlamalısınız.

Kötülüğü terk edip Rab'bi yansıtın

Ne tip insanlar kendilerini uyanık tutarlar? Onlar her zaman dua eder, Kutsal Ruh ile dolu olur, Tanrı'nın sözüne inanır ve O'nun sözüne göre yaşarlar.

Her daim uyanık olursanız, her zaman Tanrı ile iletişim kurabilirsiniz. Dolayısıyla kötü ruhlar tarafından aklınız çelinmez. İlaveten, sınamaların üstesinden kolaylıkla gelirsiniz çünkü Kutsal Ruh önceden gelecek şeyleri size bildirir, size öncülük eder ve gerçeğin sözünü kavramanızı sağlar.

Ancak uyanık olmayanlar Kutsal Ruh'un sesini duyamazlar ve akılları kolayca şeytan tarafından çelinir. Böylece ölüme doğru yol alırlar. Uyanık olmak, yüreğinizin sünnetini gerçekleştirmek, Tanrı'nın Sözüne göre davranıp yaşamak ve kutsallaşmaktır.

Cehennem

Vahiy 22:14 bizlere şöyle der, *"Kaftanlarını yıkayan, böylelikle yaşam ağacından yemeye hak kazanarak kapılardan geçip kente girenlere ne mutlu!"* Bu ayette "kaftanlar" resmi giyimi simgeler. Ruhani açıdan "kaftanlar," yüreğiniz ve tavırlarınızdır. "kaftanları yıkamak," kötülüğü söküp atmayı, ruhsal olabilmek için Tanrı'nın sözünü izlemeyi ve daha fazla İsa Mesih gibi olabilmeyi simgeler. Bu şekilde kutsallaşanlar, göklerin kapılarından geçmeye hak kazanacak ve sonsuz yaşamın tadına varacaklardır.

İmanla kaftanlarını yıkayan insanlar

Tam anlamıyla kaftanlarımızı nasıl yıkayabiliriz? Öncelikle gerçeğin sözü ile yüreğinizin sünnetini gerçekleştirmeli ve kendinizi adayarak dua etmelisiniz. Diğer bir deyişle, yüreğinizde mevcut tüm yalanı ve kötülüğü söküp atmalı ve yüreğinizi sadece gerçekle doldurmalısınız. Nasıl kirli giysilerinizi temiz su ile yıkıyorsanız, yaşam suyu olan Tanrı Sözü ile yüreğinizde ki tüm kirli günahları, hukuksuzluğu ve kötülüğü temizlemeli ve gerçeğin kaftanlarını üzerine geçirip İsa Mesih'in yüreğini yansıtmalısınız. Eylemlerinde imanlarını ortaya koyanları ve yüreklerinin sünnetini başaranları Tanrı kutsayacaktır.

Vahiy 3:5 bize şöyle der, *"Galip gelen böylece beyaz giysiler giyecek. Onun adını yaşam kitabından hiç silmeyeceğim. Babam'ın ve meleklerinin önünde o kişinin adını açıkça anacağım."* İmanlarıyla dünyanın üstesinden gelen ve gerçek üzerinde yürüyen insanlar, göklerde sonsuz yaşamın keyfine varacaklar çünkü gerçeğin yüreğine sahiptirler ve onlarda hiçbir kötülük bulunmaz.

Aksine karanlıkta yaşayan insanlar, ne kadar uzunca bir süre Hristiyan olmuş olsalar da Tanrı ile bir işleri olmaz çünkü yaşıyor diye adları olacak ama aslında ölüdürler (Vahiy 3:1). Bu yüzden bizleri dış görünüşümüze göre değil ama yüreklerimize ve eylemlerimize göre yargılayan Tanrı'ya her zaman umut besleyin. Ayrıca mükemmel bir kurtuluşa sahip olmak için her zaman dua edin ve Tanrı'nın sözüne de itaat edin.

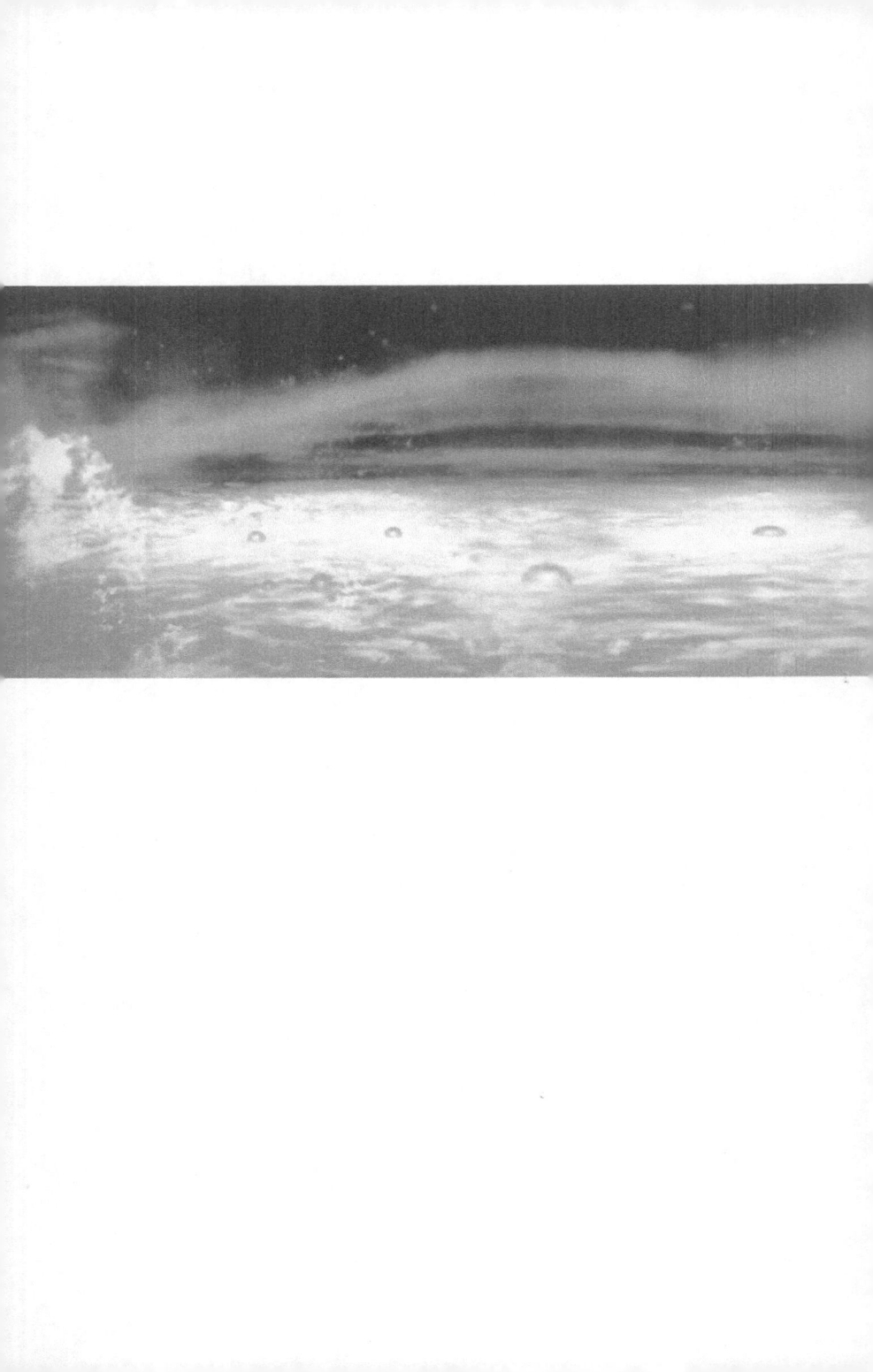

Bölüm 8

Büyük Yargı'dan Sonra Cehennemdeki Cezalar

1. Yargıdan Sonra Kurtulmayan Canlar Cehenneme Düşer
2. Ateş ve Kükürt Gölü
3. Bazıları Yargıdan Sonra Bile Aşağı Ölüler Diyarında Kalır
4. Dipsiz Derinliklere Hapsedilen Kötü Ruhlar
5. Cinlerin Sonu Nerede Biter?

"*[Cehennemde]*
'Oradakileri kemiren kurt ölmez.
Yakan ateş sönmez.'"
- Markos 9:48-49 -

*"Onları saptıran İblis ise canavarla sahte peygamberin
de içinde bulunduğu ateş ve kükürt gölüne atıldı.
Gece gündüz, sonsuzlara dek işkence çekeceklerdir."*
- Vahiy 20:10 -

Büyük Yargı'dan Sonra Cehennemde ki Cezalar

Mesih'in gelişiyle yeryüzünde Mutluluk Çağı (Bin Yıl) başlar ve onu Büyük Beyaz Tahtın Yargısı izler. Yargı –göklerle cehennemin ve ödüllerle cezaların belirleneceği-, herkesi hayatlarında yaptıklarına göre yargılayacaktır. Böylece bazıları göklerde ki ebedi mutluluğun tadına varırken, diğerleri sonsuza dek cehennemde cezalandırılacaklardır. Göksel egemenlikle cehennemin kararına varıldığı Büyük Beyaz Tahtın Yargısını ve cehennemin nasıl bir yer olduğunu daha derinlemesine inceleyelim.

1. Yargıdan Sonra Kurtulmayan Canlar Cehenneme Düşer

1982 yılının temmuz ayında hizmetimin başlangıcına hazırlanmak için dua ederken, detaylıca Büyük Beyaz Tahtın Yargısı hakkında öğrenmeye başladım. Tanrı bana jüri görevini gören Rab İsa Mesih ve Musa'nın Tahtının önünde olduğu ve Tanrı'nın tahtında oturduğu bir sahneyi gösterdi. Her ne kadar yeryüzünde ki jürilerle mukayese edilemeyecek kadar Tanrı'nın yargılaması doğru ve adilse de, hükümlerini sevginin avukatı İsa Mesih, Yasa'nın savcısı Musa ve jüri üyesi insanlarla birlikte verir.

Cehennem cezaları Yargıda belirlenir

Vahiy 20:11-15 bizlere Tanrı'nın nasıl doğruluk ve adaletle yargıladığını anlatır. Yargı, kurtulanların isimlerinin yazıldığı Yaşam Kitabı ile yürütülür. Bu kitap'ta insanların her bir eylemi yazılmıştır.

> "Sonra büyük, beyaz bir taht ve tahtta oturanı gördüm. Yerle gök önünden kaçtılar, yok olup gittiler. Tahtın önünde duran küçük büyük, ölüleri gördüm. Sonra kitaplar açıldı. Yaşam kitabı denen başka bir kitap daha açıldı. Ölüler kitaplarda yazılanlara bakılarak yaptıklarına göre yargılandı. Deniz kendisinde olan ölüleri, ölüm ve ölüler diyarı da kendilerinde olan ölüleri teslim ettiler. Her biri yaptıklarına göre yargılandı. Ölüm ve ölüler diyarı ateş gölüne atıldı. İşte bu ateş gölü ikinci ölümdür. Adı yaşam kitabına yazılmamış olanlar ateş gölüne atıldı."

Burada "ölü," Mesih'i Kurtarıcıları olarak kabul etmeyenler ve ölü imanları olanlardır. Tanrı'nın "seçim" günü geldiğinde, "ölüler" dirilir ve yargılanmak üzere Tanrı'nın Tahtının önüne getirilirler. Yaşam Kitap'ı, Tanrı'nın tahtının önünde açılır.

Tüm kurtulanların isimlerinin yazıldığı Yaşam Kitap'ının yanı sıra, ölülerin her bir eyleminin yazıldığı başka kitaplarda vardır. Melekler, başkalarına lanet etmek, onlara vurmak, öfkeye kapılmak ve iyilik yapmak gibi yaptığımız, söylediğimiz ve düşündüğümüz her şeyi kayıt ederler. Nasıl belli olayları ve konuşmaları uzunca bir süre video kamera ve diğer çeşitli cihazlarla kayıt altına alabiliyorsanız, Kudretli Tanrı'da yeryüzünde ki her bir insanın hayatını kayıt altına alır.

Böylece Tanrı Yargı Gününde bu kitaplara göre adilce

insanları yargılayacaktır. Kurtulamayanlar, yaptıkları kötü eylemlere göre yargılanacak ve günahlarının şiddetine göre sonsuza dek cehennemde çeşitli cezalara çarptırılacaklardır.

Ateş ya da kükürt gölü

"Deniz kendisinde olan ölüleri" bölümü, denizin içinde boğulanları teslim etti anlamına gelmez. Burada "deniz" ruhani açıdan dünyayı temsil eder. Yeryüzünde yaşayan ve toprağa dönüşenlerin, Tanrı'nın huzurunda yargılanmak üzere tekrar dirilecekleri anlamına gelir.

Öyleyse, "ölüm ve ölüler diyarı da kendilerinde olan ölüleri teslim ettiler" ne demektir? Aşağı ölüler diyarında acı çekenlerin ayrıca dirileceği ve yargılanmak üzere Tanrı'nın önüne getirilecekleri anlamına gelir. Tanrı tarafından yargılanmaları bittikten sonra, aşağı ölüler diyarında azap çekenlerin büyük bir çoğunluğu günahlarının şiddetine göre ya ateş ya da kükürt gölüne atılacaklardır çünkü yukarıda da belirtildiği gibi aşağı ölüler diyarının cezaları Büyük Beyaz Tahtın Yargı gününe kadar sürecektir.

"Ama korkak, imansız, iğrenç, adam öldüren, fuhuş yapan, büyücü, putperest ve bütün yalancılara gelince, onların yeri kükürtle yanan ateş gölüdür. İkinci ölüm budur" (Vahiy 21:8).

Ateş gölünün cezaları, aşağı ölüler diyarının cezalarıyla mukayese bile edilemez. Markos 9:47-49, *"Eğer gözün günah*

Cehennem

işlemene neden olursa, onu çıkar at. Tanrı'nın Egemenliği'ne tek gözle girmen, iki gözle cehenneme atılmandan iyidir. Oradakileri kemiren kurt ölmez, Yakan ateş sönmez. Çünkü herkes ateşle tuzlanacaktır." Dahası, kükürt gölü ateş gölünden yedi kat daha sıcaktır.

Yargı gününe kadar insanlar, böcekler ve hayvanlar tarafından parçalanır, cehennem elçileri tarafından işkence edilir veya cehenneme geçiş noktası olan bekleme yeri aşağı ölüler diyarında çeşitli cezalardan azap çekerler. Yargıdan sonra, sadece ateş ve kükürt gölünün acıları kalacaktır.

Ateş ve Kükürt göllerinde ki azap

Aşağı ölüler diyarının tüyler ürpertici mesajlarını duyurduğumda, kilise üyelerimin pek çoğu gözyaşlarını tutamadılar ve böylesi berbat bir yerde olanlar için üzüntüyle ürperdiler. Ancak ateş veya kükürt gölünde ki azap, aşağı ölüler diyarında ki her hangi bir cezadan çok daha şiddetlidir. Birazcık dahi olsun işkencenin büyüklüğünü tasavvur edebiliyor musunuz? Denesek dahi, hala bir beden içinde olan bizler için ruhani kavramları anlayamayacağımız bir sınır vardır.

Aynı şekilde göklerin görkem ve güzelliğini tam anlamıyla nasıl anlayabiliriz. "Sonsuzluk" sözcüğünün kendisi bile aşina olmadığımız bir şeydir ve sadece varsayımlar yapmaya zorlanırız. Hatta "sevinç," "mutluluk," "cazibe," "güzellik" ve bunun gibi şeyleri hayal etmeye çalışsak bile, bir gün göklerde yaşayacağımız gerçek yaşantıyla mukayese bile edilemez. Gerçekten göksel egemenliğe gittiğinizde, her şeyi kendi gözlerinizle gördüğünüzde ve o hayatı yaşadığınızda, çeneniz hayretten yere düşer ve adeta diliniz tutulur. Aynı şekilde eğer cehennemin azabını gerçekten tatmazsak, bu dünyanın sınırlarının çok ötesinde olan azabın büyüklüğünü ve miktarını asla tamamıyla kavrayamayız.

Ateş veya kükürt gölüne düşenler

Her ne kadar elimden gelenin en iyisi deneyecek olsam da, cehennemin bu dünyanın kelimeleriyle anlatılacak bir yer olmadığını lütfen aklınızda tutun ve gücüm elverdiğince anlatsam bile, benim anlatışım cehennemin ürkütücü gerçeğinin milyonda birinden daha az olacak. İlaveten, işkencenin uzunluğunun sınırlı değil ama ebedi olduğunu hatırladıklarında, mahkûm canlar daha da fazla azap çekecekler.

Büyük Beyaz Tahtın Yargısından sonra, aşağı ölüler diyarında birinci ve ikinci seviyede cezalar alanlar, ateş gölüne ve üç ile dördüncü seviyede cezalar alanlar ise kükürt gölüne atılacaklardır. Şu anda aşağı ölüler diyarında olan canlar, Yargı için hala zamanın olduğunu ve Yargıdan sonra da nerede olacaklarını bilirler. Hatta böcekler ve cehennem elçileri tarafından parçalansalar bile, uzaktan cehennemde ki ateş ve kükürt gölünü görürler ve orada cezalandırılacaklarını çok iyi bilirler.

Dolayısıyla aşağı ölüler diyarında ki canlar sadece içinde bulundukları durumdan dolayı değil ama ayrıca Yargı ertesinde geleceklerin korkusunun yarattığı ruhsal işkenceden de çekerler.

Cehennem

Aşağı ölüler diyarında ki bir canın feryadı

Cehennemle ilgili vahiyler için dua ederken, Kutsal Ruh aracılığıyla Tanrı benim aşağı ölüler diyarında ki bir canın feryadını duymama izin verdi. Bu feryadın her bir kelimesini yazdığımda, biraz olsun korkuyu ve canı teslim almış çaresizliği hissetmeye çalışın.

Bu figür nasıl bir insana ait olabilir?
Yeryüzünde yaşadığım zaman ki görüntüm bu değildi.
Burada ki görüntüm, ürkütücü ve tiksindirici!

Böylesi sonsuz acı ve çaresizlik içinde,
nasıl özgür olabilirim?
Bundan kaçmak için ne yapabilirim?
Ölebilir miyim? Ne yapabilirim?
Bir süreliğine dahi olsa bu ebedi cezalandırmanın
ortasında dinlenebilir miyim?
Bu lanet olası hayatın dayanılmaz acısını kısaltmanın
bir yolu yok mu?

Kendimi öldürmek için bedenime zarar veriyorum ama ölemem.
Sonu yok...Bunun sonu yok...
Canımın çekmekte olduğu azabın sonu yok.
Sonu gelmez yaşamımın sonu yok.
Bunu kelimelerle nasıl anlatabilirim?
Çok yakında engin ve dipsiz

ateş gölüne atılacağım.
Buna nasıl katlanacağım?

Burada ki azap katlanılamaz cinsiden.
Hiddetli ateş gölü öylesine ürkütücü,
derin ve sıcak.
Buna nasıl katlanacağım?
Bundan nasıl kaçabilirim?
Bu işkenceden kaçmam nasıl imkân dahilinde olabilir?

Sadece bir kez daha yaşayabilseydim...
Sadece bir kez daha benim için yaşama yolu olsaydı...
Sadece bir kez daha serbest olabilseydim...
Bir yolunu bulurdum
ama göremiyorum.

Burada sadece karanlık, çaresizlik ve acı var.
Ve benim için sadece bıkkınlık ve zorluk var.
Bu azaba nasıl katlanacağım?
Sadece Tanrı bir kez daha yaşam yolunu açsaydı...
Sadece bundan bir çıkış yolu bulabilseydim...

Lütfen beni kurtarın. Lütfen beni kurtarın.
Katlanabilmem için çok korkutucu ve zor.
Lütfen beni kurtarın. Lütfen beni kurtarın.
Günlerim acıyla dolu.
O kızgın göle nasıl gireceğim?
Lütfen beni kurtarın!

Lütfen beni kurtarın!
Lütfen beni kurtarın!
Lütfen bana merhamet edin!
Lütfen beni kurtarın!
Lütfen beni kurtarın!

Bir kez aşağı ölüler diyarına atıldığınızda

Yeryüzünde ki hayattan sonra kimsenin "ikinci bir şansı" olmaz. Sadece yaptığınız her eylemin külfeti sizi bekler.

İnsanlar gökler ile cehennemin varlığıyla ilgili şeyler duyduklarında, bazıları "Öldükten sonra bileceğim" der. Ancak bir öldünüz mü artık çok geçtir. Çünkü öldükten sonra asla geriye dönüş yoktur. Ölmeden önce bunu kesinlikle bilmek zorundasınız.

Bir kere aşağı ölüler diyarına atıldıktan sonra ne kadar pişman olduğunuzun, tövbe etmenizin veya Tanrı'ya yalvarmanızın bir anlamı yoktur. Kaçınılmaz ve dehşet verici cezalardan kaçamazsınız. Geleceğiniz için hiçbir umut yoktur ama sadece ebedi azap ve çaresizlik olacaktır.

Yukarıda feryat eden ruh, kurtuluş için hiçbir yolun ya da olasılığın olmadığını çok iyi bilir. Yine de ruh, "her ihtimale karşı" Tanrı'ya yakarır. Merhamet ve kurtuluş için yalvarır. Bu ruhun haykırışı keskin bir ağlayışa dönüşür ve bu çığlık sadece cehennemin geniş alanı içinde döne döne kaybolur. Elbette ki hiçbir yanıt yoktur.

Görünüşte acınası bir halde tövbe ettikleri halde aşağı ölüler diyarında ki insanların tövbesi içten ve samimi değildir.

Yüreklerinde hala kötülük kaldığından, çığlıklarının faydasız olduğunu bilirler. Bu ruhlar, daha çok kötülük yayar ve Tanrı'ya lanet ederler. Bu açıkça niçin bu insanların ilk önce göklere alınmadığını bizlere gösterir.

2. Ateş ve Kükürt Gölü

Aşağı ölüler diyarında ki ruhlar en azından "Niçin buradayım?" diye kendi kendilerine sorarak yalvarır, sitem veya feryat ederler. Ayrıca ateş gölünden korkar ve "Cehennem elçisinin elinden nasıl kaçabilirim?" diye düşünerek kaçış yolları düşünürler.

Ancak bir kere ateş gölüne atıldılar mı, azap verici ve ebedi acı yüzünden hiçbir şey düşünemez hale gelirler. Aşağı ölüler diyarında ki cezalar, ateş gölüyle kıyaslandığında nispeten daha hafiftir. Ateş gölünde ki cezalar tasavvur edilemez kadar acı vericidir. Öylesine acı vericidir ki, sınırlı kapasitemizle anlamamız veya onu hayal etmemiz mümkün değildir.

Eğer birazcık olsun bu azabın nasıl bir şey olduğunu bilmek istiyorsanız, sıcak ve yanmakta olan bir tavanın üzerine tuz koyun. Tavanın üzerinde zıplar halde ki tuzu göreceksiniz ve bu, ateş gölünde ki sahneye andırır. Ruhlar, zıplayan tuzlara benzer.

Ayrıca 100° derecede kaynayan sudan bir havuzda olduğunuzu hayal edin. Ateş gölü, bundan çok daha fazla sıcaktır ve kükürt gölü ise ateş gölünden yedi kat daha sıcaktır. Bir kere içine atıldınız mı kaçmanın imkânı yoktur ve sonsuza dek bu azabı çekeceksiniz. Aşağı ölüler diyarının Yargı öncesi birinci,

Cehennem

ikinci, üçüncü ve dördüncü seviyesinde ki cezalarına katlanmak çok daha kolaydır.

Peki, Tanrı niçin onları ateş veya kükürt gölüne atmadan önce bin yıl boyunca aşağı ölüler diyarında azap çekmelerine müsaade eder? Kurtulamayanlar kendilerinin ne olduğunu yansıtırlar. Dolayısıyla Tanrı onların cehennem gibi berbat bir yere hangi sebeplerle gidiyor olacaklarını keşfetmelerini ve geçmişte yapmış oldukları her şeyden tamamıyla tövbe etmelerini ister. Ancak tövbe edebilecek insanlar bulmak oldukça zordur ve aksine öncekinden daha fazla kötülük yayarlar. Şimdi Tanrı'nın niçin cehennemi yapmak zorunda olduğunu biliyoruz.

Ateş gölünde ateşle tuzlanma

1982 yılında dua ederken Tanrı bana Büyük Beyaz Tahtın Yargısından bir sahneyi gösterdi ve kısaca ateş ve kükürt gölünü ifşa etti. Bu iki göl muazzam genişliktedir.

Uzaktan bu iki göl ve içlerinde ki ruhlar kaplıcalarda ki insanlara andırıyordu. Sadece başları dışarıda olacak şekilde bazıları göğüs, bazıları ise boyun hizasına kadar batmış vaziyetteydi.

Markos 9:48-49 ayetlerinde İsa, cehennemin nasıl bir yer olduğu hakkında konuşur, *"Oradakileri kemiren kurt ölmez, Yakan ateş sönmez. Çünkü herkes ateşle tuzlanacaktır."* Böylesi korkunç bir yerde ki acıyı tasavvur edebilir misiniz? Bu canlar kaçmaya çalıştıkça, tek yapabildikleri zıplayan tuzlar gibi atlamak ve dişlerini sıkmaktır.

Bazen bu dünyanın insanları oyun oynarken ya da gece kulüplerinde dans ederken zıplarlar. Bir süre sonra yorulur ve arzu ediyorlarsa dinlenirler. Ancak cehennemde ki bu ruhlar eğlence niyetine zıplamazlar ama muazzam acı yüzünden zıplarlar ve elbette ki arzu etseler dahi dinlenme imkânları yoktur. Acı ile öylesine sesli haykırırlar ki başları döner ve bakan gözleri koyu maviye bulanıp tüyler ürpertici bir şekilde içleri kan çanağına döner. Dahası, beyinleri patlar ve içinde ki sıvılar dışarı akar.

Ne kadar çaresizce denerlerse denesinler, oradan çıkamazlar. Birbirlerini itip kakar ve üzerlerine basarlar ama faydasızdır. Başı-sonu çıplak gözle belli olmayan ateş gölünün her bir santimetresi aynı ısıyı muhafaza eder ve geçen zamanla bile gölün ısısı hiç azalmaz. Büyük Beyaz Tahtın Yargı gününe kadar aşağı ölüler diyarı, Lusifer tarafından kontrol edilir ve tüm cezalar, Lusifer'in kudret ve yetkisine göre verilir.

Ancak Yargı'dan sonra cezalar Tanrı tarafından verilecektir ve O'nun gücü ve takdiri ilahisine göre idare edilecektir. Dolayısıyla tüm ateş gölü boyunca ısı aynı seviyede kalacaktır.

Ateş, ruhların acı çekmesini sağlayacak ama onları öldürmeyecek. Nasıl Hadep'te ki ruhların vücut parçaları kesilip parçalandıktan sonra tekrar yenileniyorsa, cehennemde ki ruhların bedenleri de yandıktan hemen sonra tekrar yenilenecektir.

Tüm beden ve organlar yanar

Ruhlar ateş gölünde nasıl cezalandırılır? Çizgi romanlarda ya da çizgi filmlerde yüksek voltajla elektrik verilen bir karakteri hiç gördünüz mü? Elektrik verildiği an bedeni bir iskelete döner ve bedenini koyu renkte bir gölge çevreler. Elektrik geri çekildiğinde normale döner. Veyahut insan bedeninin içini gösteren röntgen cihazlarını düşünün.

Aynı şekilde ateş gölünde ki ruhların fiziksel bedenleri bir an için görülür ve sonra bir an için görülmez. Sadece ruhları gözle görülür. Bu durum tekrarlanır durur. Dağlayan ateş içersinde ruhların bedenleri anında yanar ve kısa bir süre sonra eski haline döner.

Yeryüzünde üçüncü derecede bir yanıktan çektiğinizde, tüm bedeninizi saran yanma hissine katlanamayıp çıldırabilirsiniz. Kişi kendi tecrübe edinmedikçe bu acının büyüklüğünü anlayamaz. Sadece kollarınız yansa bile bu acıya katlanamayabilirsiniz.

Genel olarak yanma hissi yandıktan hemen sonra kaybolmaz ve birkaç gün sürer. Ateşin ısısı bedenin içine nüfuz eder, hücrelere ve hatta bazen kalbe bile zarar verir. Tüm bedeninizin ve iç organlarınızın baştan aşağıya yanıp sonra tekrar eski haline gelerek bu işlemin hiç durmadan kendini yenilemesi ne kadar daha acı verici olmalıdır?

Ateş gölünde ki canlar acıya katlanamazlar ama ayrıca bayılamaz, ölemez veya kısa bir süreliğine bile dinlenemezler.

Kükürt gölü

Ateş gölü, nispeten daha hafif günah işleyenlerin ve aşağı ölüler diyarında birinci ve ikinci seviyede cezalar alanların gittiği yerdir. Daha ağır günahlar işleyen veya aşağı ölüler diyarında üçüncü ve dördüncü seviyede cezalar alanlar, ateş gölünden yedi kat daha sıcak olan kükürt gölüne atılacaklardır. Yukarıda belirtildiği gibi, kükürt gölü şu tip kişilere ayrılmıştır: Kutsal Ruh'a karşı konuşan, karşı gelen ve küfür edenler, İsa Mesih'i sil baştan çarmıha gerenler, İsa Mesih'e ihanet edenler, kasıtlı olarak günah işlemeye devam edenler, aşırı putperest olanlar, vicdanları dağlandıktan sonra günah işleyenler, şeytani eylemlerle Tanrı'ya karşı gelenlerin tümü ve yalanlar öğreten sahte peygamber ve öğretmenler.

Tüm ateş gölü, "kırmızı" ateşle ile doludur. Kükürt gölünde "kırmızı" renkte ki ateş yerine daha çok "sarı" renkte ki ateş hâkimdir ve her zaman kâh orada kâh burada sukabağı büyüklüğünde kabarcıklar vardır. Kaynayan kükürt gölünde ki ruhların hepsi tamamıyla batmış vaziyettedir.

Acıyla istila edilme

Verdiği acının hayal edilmesi zor olduğu ateş gölünden yedi kat daha sıcak olan kükürt gölünde ki acıyı nasıl açıklayabilirsiniz?

Bu dünyada ki şeylerin benzetmesiyle açıklamaya çalışayım. Eğer bir kişi kızgın ocakta eritilmiş demiri içseydi, nasıl bir acı onu bekliyor olurdu? Bir demiri eritecek kadar kızgın olan ısı boğazından midesine inerek tüm iç organlarını yakardı.

Ateş gölünde canlar en azından zıplar ve acıyla haykırabilirler. Ancak kükürt gölünde canlar ne inleyebilir ne de düşünebilir çünkü sadece acının baskısı altındadırlar. Kükürt gölünde ki işkence ve azabın büyüklüğü hiçbir hareket ya da sözcükle anlatılamaz. Dahası bu canlar ebediyen bu acıyı çekerler. Öyleyse böylesi bir acı nasıl sözcüklerle anlatılabilir?

3. Bazıları Yargıdan Sonra Bile Aşağı Ölüler Diyarında Kalır

Eski Ahit zamanında kurtulmuş insanlar, İsa Mesih dirilene kadar yukarı ölüler diyarında kalmış, O'nun dirilmesinden sonra cennete alınmışlardır ve havada görüneceği İkinci Gelişine kadar da cennette ki bekleme yerinde bekleyeceklerdir. Diğer yandan ise, Yeni Ahit zamanı kurtulmuş olanlar uyum sağlamak üzere yukarı ölüler diyarında üç gün kalır, sonra cennette ki bekleme yerine alınır ve orada İsa Mesih'in havada İkinci Gelişine kadar beklemektedir.

Ancak anne rahminde ölen doğmamış çocuklar ne İsa Mesih dirildikten sonra ne de Yargı Gününden sonra cennete alınırlar. Yukarı ölüler diyarında sonsuza dek kalırlar.

Aynı şekilde, şu anda aşağı ölüler diyarında kalanlar arasında istisnalar vardır. Bu ruhlar ne ateş ne de kükürt gölüne atılmazlar. Bunlar kimdir?

Ergenlik çağı öncesi ölen çocuklar

Kurtulamayanlar arasında hamileliğin altıncı ayı ve üzerinde olan fetüslerle ergenlik çağına henüz gelmemiş on iki yaşına kadar olan çocuklar vardır. Bu ruhlar ne ateş ne de kükürt gölüne atılmazlar çünkü her ne kadar kendi kötülükleri yüzünden aşağı ölüler diyarına gelmiş olsalar da, öldükleri zaman kendilerine ait özgür iradeye sahip olacak kadar olgun değillerdi. Bu, imanda ki hayatlarını ille de kendilerinin seçtikleri anlamına gelmez çünkü ebeveynler, akrabalar ve çevre gibi dış etkenlerden kolayca etkilenebilir yaştaydılar.

Sevgi ve adalet Tanrı'sı bu etkenleri göz önünde bulundurur ve Yargı Gününden sonra bile onları ne ateş ne de kükürt gölüne atmaz. Bunun anlamı cezalarının silineceği veya yok olacağı demek değildir. Aşağı ölüler diyarında cezalandırıldıkları gibi sonsuza kadar cezalandırılırlar.

Günahın ücreti ölüm olduğundan

Bu vaka dışında aşağı ölüler diyarında ki tüm insanlar yeryüzünde yetiştirilirken işledikleri günahlara göre ya ateş ya da kükürt gölüne atılacaklardır. Romalılar 6:23'de şöyle denir, *"Çünkü günahın ücreti ölüm, Tanrı'nın armağanı ise Rabbimiz Mesih İsa'da sonsuz yaşamdır."* Burada "ölüm," dünyada ki yaşamın sonlanması demek değildir. Burada kastedilen ateş ya da kükürt gölünde ki sonsuz cezalandırmadır. Sonsuz cezanın korkunç ve azap verici işkencesi, günahların ücretidir ve böylece günahın korkunç, kirli ve iğrenç olduğunu bilirsiniz.

Eğer insanlar ebedi cehennemin sefaletini birazcık olsun bilselerdi, oraya gitmekten nasıl korkmazlardı? İsa Mesih'i nasıl kabul etmez, itaat göstermez ve Tanrı'nın sözüne göre yaşıyor olmazlardı?

İsa, Markos 9:45-47 ayetlerinde bizlere şunu söyler:

"Eğer ayağın günah işlemene neden olursa, onu kes. Tek ayakla yaşama kavuşman, iki ayakla cehenneme atılmandan iyidir. Eğer gözün günah

işlemene neden olursa, onu çıkar at. Tanrı'nın Egemenliği'ne tek gözle girmen, iki gözle cehenneme atılmandan iyidir."

Gitmemeniz gereken yerlere sizi götürüyorsa ayağınızı kesmeniz cehenneme gitmenizden çok daha iyidir. Yapmamanız gereken şeyleri size yaptırıyorsa elinizi kesmeniz cehenneme gitmekten çok daha iyidir. Aynı şekilde görmemeniz gereken şeyleri görerek günah işliyorsanız gözünüzü çıkarmanız sizin için çok daha iyidir.

Ancak Tanrı'nın bize seve seve verdiği görkemli göklere gitmek için ellerimizi, ayaklarımızı kesmek ya da gözlerimizi çıkarmak zorunda kalmayız çünkü günahsız ve suçsuz Kuzumuz bizim yerimize çarmıha gerildi, elleri ve ayaklarından çivilendi ve dikenlerden örülmüş bir taç giydi.

Tanrı'nın Oğlu şeytanın işini yok etmek için geldi

Bu sebeple, her kim İsa Mesih'in kanına inanırsa bağışlanır, ateş ve kükürt gölünde ki cezadan azat olur ve sonsuz hayatla ödüllendirilir.

1. Yuhanna 3:7-9 ayetleri bize şöyle der, *"Yavrularım, kimse sizi aldatmasın. Mesih doğru olduğu gibi, doğru olanı yapan da doğru kişidir. Günah işleyen, İblis'tendir. Çünkü İblis başlangıçtan beri günah işlemektedir. Tanrı'nın Oğlu, İblis'in yaptıklarına son vermek için ortaya çıktı. Tanrı'dan doğmuş olan, günah işlemez. Çünkü Tanrı'nın tohumu onda yaşar. Tanrı'dan doğmuş olduğu için günah işleyemez."*

Günah, çalma, öldürme veya dolandırıcılık gibi eylemlerden daha fazlasıdır. Bir kişinin yüreğinde ki kötülük çok daha ciddi bir günahtır. Tanrı yüreklerimizde ki kötülükten nefret eder. Diğerlerini yargılayan ve suçlayan, nefret eden ve tökezleyen, şeytani ve ihanet eden yüreklerden nefret eder. Böylesi yüreklere sahip insanların göklere girilmesine izin verilseydi, göksel egemenlik nasıl bir yer olurdu? O zaman göklerde bile insanlar doğru ile yanlışın tartışmasını yapıyor olurlardı. Bu yüzden Tanrı kötü insanların göklere girmesine izin vermez.

Dolayısıyla İsa Mesih'in kanıyla salahiyeti alan Tanrı'nın çocukları olursanız, daha fazla yalanın yolundan gitmemeli ve şeytana bir köle olarak hizmet etmemeli ama bizzat ışığın kendisi olan Tanrı'nın bir çocuğu olarak gerçekte yaşamalısınız. Ancak o zaman göklerin görkemine sahip olur, Tanrı'nın bir çocuğu olarak yetkinliğin keyfine varacağınız kutsamaları alır ve hatta bu dünyada bile başarılı olursunuz.

İmanınızı dile getirerek günah işlememelisiniz

Tanrı bizi öylesine sevdi ki, sevgili, masum, tek ve yegâne Oğlu'nun çarmıhta ölmesi için gönderdi. Tanrı'nın, "Tanrı'nın çocukları" olduklarını iddia edip şeytanın etkisi altında günah işleyenleri ve hızla cehenneme doğru yol alanları gördükçe nasıl üzüldüğünü ve matem tuttuğunu hayal edebiliyor musunuz?

Sizden sadece günah işlememenizi değil ama Tanrı'nın buyruklarına itaat etmenizi ve Tanrı'nın kıymetli bir çocuğu olduğunuzu kanıtlamanızı istiyorum. Bunu yaptığınızda tüm dualarınıza daha çabuk karşılık bulacak ve Tanrı'nın gerçek bir çocuğu olacaksınız. Sonunda görkemli Yeni Yeruşalim'e girecek ve orada yaşayacaksınız. Bunun yanı sıra, gerçeği henüz bilmeyenlerin, hala günah işleyenlerin ve şeytana köle olanların çevresinde ki karanlığı uzaklaştırma gücü ve yetkisine sahip olursunuz. Onları Tanrı'ya götürme yetkisine sahip olacaksınız.

Göklerde tıpkı bir güneş gibi parlayan Tanrı'nın görkemine ulaşabilmeniz için, Tanrı'nın bir çocuğu olmanız, tüm dua ve isteklerinizin karşılığını almanız, Tanrı'ya övgüler yağdırmanız ve sayısız insanı cehennemin yolundan çekip almanız dileğiyle...

4. Dipsiz Derinliklere Hapsedilen Kötü Ruhlar

Webster Yeni Dünya Kolej Sözlüğüne göre, "dipsiz" sözcüğü, "çok derin girdap," "derin yarık" veya "ölçülemeyecek kadar derin olan herhangi bir şey" olarak açıklanır. Kutsal Kitap'ta ki anlamında dipsiz, cehennemin en derin ve en alçak yeridir. İnsanın yetiştirilmesinden nasibini almayan kötü ruhlar için ayrılmış mekândır.

"Sonra bir meleğin gökten indiğini gördüm. Elinde dipsiz derinliklerin anahtarı ve büyük bir zincir vardı. Melek ejderhayı – İblis ya da Şeytan denen o eski yılanı – yakalayıp bin yıl için bağladı. Bin yıl tamamlanıncaya dek ulusları bir daha saptırmasın diye onu dipsiz derinliklere attı, oraya kapayıp girişi mühürledi. Bin yıl geçtikten sonra kısa bir süre için serbest bırakılması gerekiyor" (Vahiy 20:1-3).

Bu, Yedi-Yıllık Büyük sıkıntı sonrasına yakın zamanın bir betimlemesidir. İsa Mesih'in İkinci Gelişinden sonra, kötü ruhlar yedi yıl boyunca dünyayı hâkimiyetleri altına alacak ve o vakit Üçüncü Dünya Savaşı ve diğer belalar serbest kalacaktır. Büyük Sıkıntıdan sonra Mutluluk Çağı (Bin Yıl) egemen olacak ve kötü ruhlar dipsiz derinliklere atılacaktır. Bin Yılın sonlarına doğru kötü ruhlar kısa bir süreliğine serbest bırakılacak ve Büyük Beyaz Tahtın Yargısı bitiğinde ise tekrar dipsiz derinliklere sonsuza dek atılacaklardır. Lusifer ve hizmetkârları karanlıklar dünyasını idare ederler ama Yargı Gününden sonra gerek gökler gerekse cehennem sadece Tanrı'nın gücüyle idare edilecektir.

Kütü ruhlar insanın yetiştirilmesi için sadece araçtır

Tüm güç ve yetkilerini kaybetmiş olan kötü ruhlar, dipsiz derinliklerde ne tip cezalara maruz kalacaklardır?

Daha da ileri gitmeden önce, kötü ruhların insanın yetiştirilmesinde araçlar olduğunu ve buna hizmet ettiğini aklınızda tutun. Öyleyse Tanrı göklerde onca göksel varlık ve melek varken insanoğlunu yeryüzünde niçin yetiştirmek ister? Bunun nedeni Tanrı'nın Sevgisini paylaşmayı istediği gerçek çocuklara sahip olmak istemesidir.

Size bir örnek vereyim. Kore tarihi boyunca genellikle soyluların pek çok hizmetçileri olmuştu. Hizmetçiler, efendileri onlardan ne istemiş ise itaat ederlerdi. Soylulardan birinin kendisine itaat etmeyen ve dilediklerini yapan müsrif oğulları ve kızları olduğunu düşünün. Bu durum, bu kişinin itaat eden hizmetçilerini müsrif çocuklarından daha çok sevdiği anlamına mı gelir? İtaatli olmamalarına rağmen çocuklarını sevmekten kendini alamaz.

Tanrı içinde aynı durum geçerlidir. Ne kadar itaatli göksel varlık ve meleklere sahip olsa da kendi suretinde yarattığı insanları sever. Göksel varlıklar ve melekler, ne söylenirse onu yapan robotlar gibidir. Bu yüzden Tanrı ile gerçek sevgilerini paylaşmaya kudretleri yoktur.

Elbette ki bunun anlamı, meleklerle robotların her açıdan aynı olduğu demek değildir. Robotlar kendilerine buyrulanları yaparlar ve özgür iradeye sahip değildir. Ayrıca bir şey hissetmezler. Melekler ise tıpkı insanlar misali sevinç ve acı gibi duygularını bilirler.

Sevinç veya acıyı hissettiğinizde melekler sizin hissettiklerinizin aynısını hissetmezler ama daha çok sizlerin ne hissettiğini bilirler. Dolayısıyla Tanrı'ya ilahiler söylediğinizde, meleklerde sizlerle beraber ilahiler söyler. Tanrı'ya övgüler yağdırmak için dans ettiğinizde onlarda dans eder ve hatta aynı zamanda müzik bile çalarlar. Bu özellik onları robotlardan ayırır. Ancak gerek robotlar gerekse melekler özgür iradeye sahip olmamalarından ve sadece kendilerine söyleneni yapmaları dolayısıyla birbirlerine "benzerlik" gösterirler ve her ikisi de araçlar olarak meydana getirilmiş ve kullanılmaktadır.

Tıpkı melekler gibi kötü ruhlarda insanın yetiştirilmesi için kullanılan araçlardan başka bir şey değildir. İyi ile kötüyü ayıramayan makineler gibidirler ve kötülük amaçlı kullanılırlar.

Dipsiz derinliklere hapsedilmiş kötü ruhlar

Ruhani dünyanın yasası, "günahın ücretinin ölüm" olduğunu ve "insanın ne ekerse onu biçeceğini" dikte eder. Büyük Yargı Gününden sonra aşağı ölüler diyarında ki canlar bu yasaya göre ateş veya kükürt gölünde azap çekeceklerdir. Çünkü yeryüzünde yetiştirilirlerken kendi özgür irade ve hisleriyle kötülüğü seçmişlerdir.

Cinler dışında ki kötü ruhların insanın yetiştirilmesiyle ilgisi yoktur. Dolayısıyla Yargıdan sonra bile, kötü ruhlar karanlık ve soğuk dipsiz derinliklerde tıpkı çöp yığınları gibi hapis kalır. Bu onlar için en uygun cezadır.

Tanrı'nın Tahtı, göksel egemenliğin merkezinde ve zirvesindedir. Aksine kötü ruhlar, cehennemin en karanlık ve en derin yeri olan dipsiz derinliklere hapis edilmişlerdir. Karanlık ve soğuk derinliklerde rahatça hareket edemezler. Sanki dev kayalar tarafından eziliyorlarmış gibi sonsuza dek bu ruhlar aynı sabit vaziyette mahkûmiyetlerini sürdüreceklerdir.

Oysa bu kötü ruhlar vaktinde göksel egemenliğe aittiler ve görkemli vazifeleri vardı. Düşüşlerinden sonra melekler karanlıklar dünyasında bir şekilde kendi yetkilerini kurdular ama Tanrı'ya karşı açtıkları savaşta yenilgiye uğratıldılar ve her şey sona erdi. Görkemlerini ve göksel varlıklar olarak değerlerini kaybettiler. Aldıkları lanetin ve kara lekenin bir sembolü olarak, dipsiz derinliklerde bu meleklerin kanatları paramparça olacaktır.

Ruh, sonsuz ve ölümsüz bir varlıktır. Ancak dipsiz derinliklerde ki kötü bir ruh parmağını bile oynatamaz, ne hisleri ne de irade veya gücü vardır. Devre dışı bırakılan makineler veya atılmış oyuncaklar gibidirler ve hatta donmuş gibi görünürler.

Cehennemin bazı elçileri aşağı ölüler diyarında kalır

Bu kuralın bir istisnası vardır. Yukarıda da anlatıldığı gibi on iki yaşın biraz altında olan çocuklar, Yargı Gününden sonra bile aşağı ölüler diyarında kalacaklardır. Dolayısıyla bu çocukların cezalandırılmaları için cehennem elçilerinin hazır bulunması gereklidir.

Bu cehennem elçileri dipsiz derinliklere atılmaz ama aşağı ölüler diyarında kalırlar. Robotlara benzerler. Yargıdan önce acı çeken canların manzarası karşısında keyif duyup kahkaha atsalar da, bunu duyguları olduğu için yapmazlardı. Bunun nedeni insani özelliklere sahip Lusifer'in kontrolü altında olmalarıydı. Lusifer, onları duygular göstermeye sevke diyordu. Yargıdan sonra ise Lusifer'in kontrolünden çıkarlar ve işlerini tıpkı makineler gibi duygulardan yoksun olarak yaparlar.

5. Cinlerin Sonu Nerede Biter?

Kâinatın yaratılışından çok önce yaratılan düşen meleklerin, ejderhaların ve onların yandaşlarının aksine, cinler ruhani varlıklar değillerdir. Vakti zamanında onlarda bizler gibi toprak, ruh, can ve bedenden meydana gelen insanlardı. Yeryüzünde yetiştirilmiş ama kurtuluşa nail olamadan ölmüş olanların arasından bazıları belli koşullar altında yeryüzüne cinler olarak salınır.

Öyleyse bir kişi nasıl cin olabilir? Genellikle, insanların cinler haline gelmesini sağlayan dört yol vardır.

İlk vaka, ruhlarını ve canlarını şeytana satan insanlardır. Büyücülükle uğraşan, açgözlülüklerini ve tutkularını tatmin edebilme uğruna kötü ruhların güç ve yardımlarını arayan insanlar, öldüklerinde cinler olabilirler.

İkinci vaka, kendi kötülükleri yüzünden intihar eden insanlardır.

İnsanlar, işlerinin ters gitmesi veya diğer sebeplerden dolayı kendi hayatlarına son vermiş ise, Tanrı'nın yaşam üzerinde ki egemenliğini inkâr etmiş sayılırlar ve cinler olabilirler. Ancak bu, hayatını kendi ülkesi veya fakirler için feda etmiş olmakla aynı kefeye konulamaz. Yüzme bilmeyen bir adam, bir başka adamın hayatını kendi hayatı pahasına kurtarmak için suya atlıyorsa bu iyi ve soylu bir amaca hizmet eder.

Üçüncü vaka, zamanında Tanrı'ya inanmış ama sonunda O'nu inkâr eden ve imanlarını satan insanlardır.

Bazı inananlar, büyük zorluklarla yüzleştiklerinde veya çok sevdikleri birini veya bir şeyi kaybettiklerinde Tanrı'yı azarlar ya da O'na karşı gelirler. Evrim teorisinin öncüsü Charles Darvin buna iyi bir örnektir. Darvin, Yaratıcı Tanrı'ya zamanında inanmıştı. Çok sevdiği kızı küçük yaşta öldüğü zaman, Darvin Tanrı'ya karşı gelme ve inkâr etme yoluna girmiş ve evrim teorisini başlatmıştır. Böyle insanlar, İsa Mesih'i tekrar çarmıha germe günahını işlerler (İbranililer 6:6).

Dördüncü ve son vaka, Tanrı'ya inanmaları ve gerçeği bilmelerine rağmen Kutsal Ruh'a engel olan, karşı gelen ve küfür eden insanlardır (Matta 12:31-32; Luka 12:10).

Bu gün görünüşte Tanrı'ya inandıklarını ifade eden pek çok insan, Kutsal Ruh'a engel olur, karşı gelir ve küfür ederler. Hatta bu insanlar Tanrı'nın sayısız işlerine tanık olsalar bile, başkalarını yargılar ve suçlar, Kutsal Ruh'un işlerine karşı gelir ve O'nun işlerinin eşlik ettiği kiliseleri yıkmaya çalışırlar. Bunun yanı sıra eğer tüm bu işleri liderler olarak yapıyorlarsa, günahları daha da artar.

Bu günahkârlar öldüklerinde, aşağı ölüler diyarına atılır ve orada üçüncü veya dördüncü seviyede cezalara maruz kalırlar. Gerçek şu ki bu canlardan bazıları cinler olur ve yeryüzüne bırakılırlar. Cinlerle ilgili daha çok bilgi için lütfen "Kötü Ruhların Dünyası" adlı seriye bakınız.

Şeytan tarafından kontrol edilen cinler

Yargıya kadar Lusifer'in karanlıklar dünyası ve aşağı ölüler diyarı üzerinde tam bir yetkisi vardır. Dolayısıyla Lusifer'in aşağı ölüler diyarından işleri için en uygun olan canları seçme ve yeryüzünde cinler olarak kullanma gücü vardır.

Bir kere bu canlar seçildikten ve yeryüzüne bırakıldıktan sonra, zamanında yeryüzünde yaşarken sahip oldukları kendi irade ve duygulara artık sahip olmazlar. Lusifer'in iradesine göre şeytan tarafından yönetilir ve kötü ruhların dünyasının amaçlarına hizmet eden araçlar olarak kullanılırlar.

Cinler, yeryüzünde ki insanların akıllarını dünyayı daha çok sevmeleri için çeler. Bu günün en iğrenç günahları ve suçlarından bazıları tesadüf değil ama Lusifer'in iradesine uygun olarak cinlerin işleri yoluyla gerçekleşir. Cinler, ruhani dünyanın yasasına göre bu insanların içlerine girer ve onları cehenneme sürüklerler. Bazen cinler insanları sakat bırakır veya başlarına hastalık sararlar. Elbette ki bu, her sakatlığın veya hastalığın sebebi cinlerdir demek değildir ama bazı vakalar cinlerin işidir. Kutsal Kitap'ta çocukluğundan beri dilsiz ruha tutulmuş bir çocuğu (Markos 9:17-24) ve on sekiz yıldır iki büklüm olmuş, belini doğrultamayan, içinde hastalık ruhu bulunan bir kadını buluruz (Luka 13:10-13).

Lusifer'in isteğine göre cinler karanlıklar dünyasında ki en hafif işlere tayin edilmişlerdir ve Yargı'dan sonra dipsiz derinliklere atılmayacaklardır. Zamanında insanlar olduklarından ve yeryüzünde yetiştirildiklerinden, aşağı ölüler diyarının üçüncü ve dördüncü seviyede cezalara çarptırılanlarla birlikte Büyük Beyaz Tahtın Yargısından sonra kükürt gölüne atılacaklardır.

Kötü ruhlar dipsiz derinliklerden korkar

Kutsal Kitap'ın sözlerini hatırlayan bazılarınız bir şeyin ters olduğunu bulabilirsiniz. Luka 8, İsa'nın cinli bir adamı iyileştirdiği bir sahneyi betimler. Cine adamın içinden çıkmasını buyurduğunda, cin şöyle dedi, *"Ey İsa, yüce Tanrı'nın Oğlu, benden ne istiyorsun? Sana yalvarırım, bana işkence etme!"* (Luka 8:28) ve dipsiz derinliklere gitmesini buyurmasın diye

İsa'ya yalvarıp durur.

Cinler dipsiz derinliklere değil, kükürt gölüne atılırlar. Öyleyse niçin İsa'dan kendisini dipsiz derinliklere atmamasını istemiştir? Yukarıda belirtildiği gibi cinler vakti zamanında insanlardı ve Lusifer'in isteğine göre insanoğlunun yetiştirilmesi için basit araçlar olarak kullanılmışlardır. Dolayısıyla cinler bu adamın ağzı yoluyla İsa ile konuştuklarında, adamın değil ama adamı kontrol eden kötü ruhların yüreği ifade bulmuştur. Lusifer'in önderliğinde ki kötü ruhlar, insanın yetiştirilmesinin takdiri ilahisinin tamamlandığını, tüm yetki ve güçlerini kaybedip sonsuza dek dipsiz derinliklere hapsedileceklerini biliyorlardı. Cinin İsa'dan isteği yoluyla gelecekle ilgili korkuları tam bir netlikle ortaya serilmiştir.

Dahası, cinler araç olarak kullanıldıklarından bu kötü ruhların korkuları ve sonları Kutsal Kitap'ta yazılmıştır.

Niçin cinler, sudan ve ateşten nefret ederler?

Hizmetimin ilk günlerinde Kutsal Ruh kilisemde öyle güçlü eserlerini ortaya koydu ki kör görmeye, dilsiz konuşmaya, çocuk felci olanlar yürümeye ve kötü ruhlar çıkarılmaya başladı. Bu haberler tüm ülkeye yayıldı ve pek çok hasta insan gelmeye başladı. O vakit, cine tutulmuş insanlar ve uzaklaştırılacaklarını bilen ruhani varlıklar olan cinler için bizzat dua ettim. Bazı zamanlar bazı cinler bana, "Lütfen bizi suya ya da ateşe atma!" diye yalvarırlardı. Elbette ki onların isteklerine boyun eğmezdim.

Peki, öyleyse cinler niçin su ve ateşten nefret ederler? Kutsal Kitap onların hem suya hem de ateşe duydukları kızgınlığı yazmıştır. Bununla ilgili bir vahiy için tekrar dua ettiğimde Tanrı bana suyun ruhani açıdan hayatı, daha net olursak ışığın kendisi olan Tanrı'yı sembolize ettiğini anlattı. Ateş ise, Kutsal Ruh'un ateşini simgelemektedir. Dolayısıyla karanlığın ta kendisini sembolize eden cinler suya ya da ateşe atıldıklarında güçlerini kaybedeceklerdir.

Markos 5, İsa'nın "tümen" adında ki bir cine adamın içinden çıkmasını emrettiği ve cinin İsa'dan kendisini domuzlara yollamasını istediği bir sahneyi betimler (Markos 5:12). İsa onlara izin verdi ve kötü ruhlar adamdan çıkarak domuzların içine girdiler. Sayıca takribi iki bin kadar olan domuz sürüsünün içine girdiler, dik yamaçtan aşağı koşarak göle atlayıp boğuldular. İsa, gölde onların boğulmasını sağlayarak Lusifer için çalışmalarını önlemek istedi. Ancak bu, cinlerin boğulduğu anlamına gelmez. Onlar sadece güçlerini kaybetmişlerdir. Bu sebeple İsa bizlere şöyle der, *"Kötü ruh insandan çıkınca kurak yerlerde dolanıp huzur arar, ama bulamaz"* (Matta 12:43).

Tanrı'nın çocukları, Tanrı'nın gücünü sergileyebilmek için ruhani dünyayı net bir şekilde bilmelidirler. Ruhani dünyayla ilgili tam bir bilgiye sahip olarak cinleri çıkardığınızda, korkuyla titrerler. Ama ruhani dünyanın bilgisinden yoksun bir şekilde, "sen cin, çık ve suya git! Ateşe git!" derseniz ne çıkarlar ne de titrerler.

Lusifer kendi egemenliğini kurmanın savaşını verir

Tanrı, bol sevginin Tanrı'sıdır ama ayrıca adaletin de Tanrı'sıdır. Yeryüzünün kralları ne kadar merhametli ve bağışlayıcı olursa olsunlar, her an ve koşulsuz merhametli ve bağışlayıcı olamazlar. Bir kral, halkı için huzur ve güvenliği sağlamak için ülkede ki hırsız ve katilleri yakalamalı ve o ülkenin kanunlarına göre cezalandırmalıdır. Hatta sevgili oğlu veya yakınları vatan hainliği gibi ciddi suçlar işlediğinde bile kralın onları yasalara göre cezalandırmaktan başka seçeneği yoktur.

Aynı şekilde, Tanrı'nın sevgisi de ruhani dünyanın kesin düzeniyle belirlenmiş çizgisinde gider. Tanrı, ihanetinden önce ve hatta ihanetinden sonra bile Lusifer'i çok seviyordu ve ona karanlık üzerinde tam bir yetki verdi. Ancak Lusifer'in alacağı tek ödül, dipsiz derinliklerde ki mahkûmiyettir. Lusifer bu gerçeği zaten bildiğinden, kendi egemenliğini kurmanın savaşını verir ve onun dimdik ayakta durması için çabalar. Bu sebeple, Lusifer iki bin yıl önce ve öncesi Tanrı'nın pek çok peygamberini öldürmüştür. İki bin yıl önce İsa'nın doğumunu öğrendiğinde, Tanrı'nın egemenliğinin kurulmasını önlemek ve kendi karanlık egemenliğini daimi kılmak için Kral Hirodes aracılığıyla İsa'yı öldürmeyi denemiştir. Şeytan tarafından kışkırtıldıktan sonra Hirodes bölgede iki ve iki yaşından küçük çocukların öldürülmesi emrini vermiştir (Matta 2:13-18).

Bunun yanı sıra son iki bin yıllık dönemde Lusifer her daim Tanrı'nın gücünü sergileyen insanları yok etmeye ve öldürmeye çabalamıştır. Ancak Lusifer asla Tanrı'ya karşı galip gelemez ya da O'nun hikmetini alaşağı edemez ve sonunda dipsiz derinliklere atılacaktır.

Sevgi Tanrı'sı tövbe edilmesini bekler ve tövbe için fırsatlar tanır

Yeryüzünde ki tüm insanlar, eylemlerine göre yargılanacaklardır. Adil olmayanları lanet ve cezalar, iyi olanları ise kutsama ve görkem bekler. Ancak kendisi sevgi olan Tanrı, günah işleyen insanları hemen cehenneme atmaz. 2. Petrus 3:8-9'da *"Sevgili kardeşlerim, şunu unutmayın ki, Rab'bin gözünde bir gün bin yıl, bin yıl bir gün gibidir. Bazılarının düşündüğü gibi Rab vaadini yerine getirmekte gecikmez; ama size karşı sabrediyor. Çünkü kimsenin mahvolmasını istemiyor, herkesin tövbe etmesini istiyor."* yazıldığı gibi, Tanrı sabırla insanların tövbe etmesini bekler. Tüm insanların kurtuluşa sahip olmasını arzulayan Tanrı'nın sevgisi budur.

Cehennem ile ilgili bu mesaj sayesinde Tanrı'nın ayrıca sabırlı olduğunu ve aşağı ölüler diyarında cezalandırılmakta olanları beklemiş olduğunu hatırlamalısınız. Bu sevgi Tanrı'sı kendi sureti ve benzerinde yarattığı ve şu anda azap çeken ve sonsuza dek çekecek olan canlar için yas tutar.

Tanrı'nın sabır ve sevgisine rağmen eğer insanlar sonuna kadar müjdeyi kabul etmez ya da inandıklarını iddia ederken günah işlemeye devam ederlerse, kurtuluş için tüm fırsatları kaybedecek ve cehenneme düşeceklerdir.

Bu sebeple ister fırsatımız olsun, ister olmasın biz inananlar her zaman müjdeyi yaymalıyız. Farz edelim ki siz dışarıdayken evinizde büyük bir yangın çıkmış olsun. Döndüğünüzde evinizi alevler içersinde buluyorsunuz ve çocuklarınız da içeri de uyuyor. Çocuklarınızı kurtarmak için elinden geleni yapmaz mısınız?

Cehennem

Kendi suret ve benzerliğinde yarattığı insanların günah işlediğini ve cehennemin ebedi alevlerinin içine düştüğünü gören Tanrı'nın da kalbi paramparça olur. İnsanların diğerlerini kurtuluş yoluna sevk ettiğini gören Tanrı'nın ne kadar hoşnut olacağını hayal edebiliyor musunuz? Tüm insanları seven ve cehennem yolunda ilerleyenler için yas tutan Tanrı'nın yüreğiyle tek bir kişiyi bile kaybetmeyi arzulamayan İsa Mesih'in yüreğini anlamalısınız. Artık cehennemin sefalet ve gazabı hakkında okuduğunuza göre Tanrı'nın niçin insanların kurtuluşundan çok hoşnut olduğunu anlayabilirsiniz. Umut ediyorum ki Tanrı'nın yüreğini kavrayabilir, hissedebilir ve müjdeyi insanlara duyurarak göklere doğru yol almalarını sağlayabilirsiniz.

Bölüm 9

Sevgi Tanrı'sı Niçin Cehennemi Hazırladı?

1. Tanrı'nın Sabır ve Sevgisi
2. Sevgi Tanrı'sı Niçin Cehennemi Hazırlamak Zorunda Kaldı?
3. Tanrı, Tüm İnsanların Kurtuluşa Nail Olmasını İster
4. Cesurca Müjdeyi Duyur!

*"[Tanrı] O bütün insanların kurtulup
gerçeğin bilincine erişmesini ister."*
- 1. Timoteos 2:4 -

*"Yabası elindedir. Harman yerini temizleyecek,
buğdayını toplayıp ambara yığacak,
samanı ise sönmeyen ateşte yakacak."*
- Matta 3:12 -

İki bin yıl kadar önce, İsa, İsrail'in kasaba ve köylerini baştan aşağı dolaştı, müjdeyi duyurdu ve hastaları iyileştirdi. Kalabalıkları görünce onlara acıyordu. Çünkü çobansız koyunlar gibi şaşkın ve perişandılar (Matta 9:36). Kurtulacak sayısız insan vardı ama onları gözetecek kimse yoktu. Her ne kadar İsa şevkle köy ve kasaba dolaşmış ve insanlarla bir araya gelmiş olsa da, her birine teker teker göz kulak olamazdı.

Matta 9:37-38 ayetlerinde İsa öğrencilerine şöyle dedi, *"Ürün bol, ama işçi az. Bu nedenle ürünün sahibi Rab'be yalvarın, ürününü kaldıracak işçiler göndersin."* En çok ihtiyaç duyulan, sayısız insana yanıp tutuşan bir sevgiyle gerçeği öğretecek ve onlardan karanlığı uzaklaştıracak işçilerdi.

Günümüzde pek çok insan günahın esiridir. Hastalıklardan, sefalet ve acılardan ıstırap çeker ve gerçeği bilmedikleri için cehenneme doğru yol alırlar. Hasat tarlasına gönderecek işçiler arayan İsa'nın yüreğini anlamalıyız. O zaman sadece kurtuluşa nail olmakla kalmaz ama ayrıca O'na "İşte, burdayım! Gönder beni Rab!" diyebiliriz.

1. Tanrı'nın Sabır ve Sevgisi

Anne ve babası tarafından çok sevilen bir çocuk vardı. Bir gün bu çocuk ebeveynlerinden mal varlıklarından kendisine düşen payı istedi. Zaten her şeyi miras olarak oğullarını bırakacaklarından anne-babası bunu anlamadı ama yine de isteğine uydular. Oğul ise kendisine düşen payı alıp yurtdışına gitti. Her ne kadar başta umut ve hırsla dolu olmuş olsa da, kendini had safhada bu dünyanın eğlence ve tutkularına bıraktı ve sonunda tüm varlığını harcadı. Dahası ülke ciddi ekonomik krizin içinde olduğundan daha da fakirleşti. Bir gün biri, ebeveynlerine oğullarıyla ilgili haberleri getirdi ve onlara oğullarının sefahat düşkünü hayatı yüzünden bir dilenci olduğunu ve hiç kimse tarafından sevilmediğini söyledi.

Anne ve babası nasıl hissetmiştir? Önce kızgınlıkla dolmuş olmalı ama kısa sürede "Oğlum, seni affediyoruz. Hemen eve gel!" diye düşünerek endişe duymaya başlamış olmalıdırlar.

Tanrı tövbe ederek dönen çocuklarını kabul eder

Bu anne ve babanın yüreği Luka 15'de anlatılır. Oğlu uzak bir ülkeye giden baba her gün onu kapıda bekledi. Öylesine çaresizce oğlunun gelişini bekliyordu ki çok uzaktan dahi olsa gelen oğlunu hemen tanıdı, ona doğru koşup boynuna sarıldı. Baba, tövbe eden oğluna en iyi kaftan ve çarığı giydirdi, besili danayı kestirdi ve oğlunun onuruna ziyafet düzenledi.

Bu, Tanrı'nın yüreğidir. Tanrı, günahlarının büyüklüğü ne olursa olsun tüm içtenlikleriyle tövbe edenleri bağışlamakla kalmaz ama daha iyi olmalarına izin verir. Bir kişi imanla kurtulduğunda Tanrı sevinç duyar ve bunu göksel varlık ve meleklerle birlikte kutlar. Merhamet eden Tanrı'mız sevginin bizzat kendisidir. Oğlunu bekleyen bir babanın yüreğiyle Tanrı tüm insanlardan günahlarına sırt çevirmesini ve kurtuluşa nail olmasını ister.

Sevginin ve bağışlamanın Tanrı'sı

Hoşea 3 boyunca, her zaman bağışlamaya ve hatta günahkârları bile sevmeye istekli olan Tanrımızın bol merhameti ve şefkatini bulabilirsiniz.

Bir gün Tanrı, Hoşea'ya zina eden bir kadını eşi olarak almasını buyurdu. Hoşea buyruğa uydu ve Gomer'le evlendi. Ancak birkaç sene sonra Gomer, yüreğine sadık kalmadı ve bir başka adamı sevdi. Dahası tıpkı bir fahişe gibi ücret ödendi. Tanrı Hoşea'ya şöyle dedi: *"İsrailliler'in başka ilahlara yönelmelerine, üzüm pestillerine gönül vermelerine karşın, RAB onları nasıl seviyorsa, sen de git, o kadını sev, başkasınca sevilmiş, zina etmiş olsa bile"* (Hoşea 3:1). Tanrı, Hoşea'ya kendisine ihanet eden ve bir başka adamı sevdiği için evini terk eden karısını sevmeyi buyurdu. Hoşea, Gomer'i on beş şekel gümüş, bir homer ve bir letek arpa karşılığında satın alarak geri getirdi (Hoşea 3:2). Kaç insan bunu yapabilir? Hoşea, Gomer'i geri getirdikten sonra ona şöyle dedi: *"Uzun süre benimle yaşayacaksın. Zina etmeyecek, başka bir erkekle dostluk kurmayacaksın. Ben de sana öyle davranacağım"* (Hoşea 3:3). Gomer'i ne suçladı ne de ondan nefret etti ama aksine onu sevgiyle bağışladı ve kendisini bir daha asla terk etmemesini istedi.

Hoşea'nın yapmış olduğu şey bu dünyanın insanlarına aptalca görünebilir. Ancak yüreği Tanrı'nın yüreğini sembolize eder. Hoşea'nın kendisini terk etmiş zina eden bir kadınla evlenmesi gibi Tanrı'da bizi önce sever ve hatta bizi kurtarır.

Âdem'in itaatsizliğinden sonra tüm insanoğlu günahla doldu. Tıpkı Gomer gibi Tanrı'nın sevgisine layık değillerdi. Ancak

Tanrı ne olursa olsun onları sevdi ve çarmıha gerilmek üzere tek ve yegâne Oğlu İsa'yı gönderdi. İsa, kırbaçlandı, dikenlerden örülmüş bir taç giydi ve bizleri kurtarabilsin diye elleri ve ayaklarından çivilendi. Çarmıhta asılmış bir şekilde ölürken, "Baba, onları bağışla!" diye dua etti. Hatta bizler konuşurken bile, İsa, göklerde Babamız Tanrı'nın tahtının huzurunda tüm günahkârlar için yalvarmaktadır.

Buna rağmen pek çok insan, Tanrı'nın sevgi ve görkemini bilmez. Aksine dünyayı severler ve benliğin tutkuları peşi sıra günah işlemeye devam ederler. Bazıları karanlıkta yaşar çünkü gerçeği bilmezler. Bazıları ise gerçeği bilirler ama zamanla yürekleri değişir ve tekrar günah işlerler. İnsanlar kurtulduktan sonra her gün kendilerini kutsallaştırmalıdırlar. Ancak yürekleri Kutsal Ruh'u aldıkları o ilk günden farklı olarak yozlaşır ve pislenir. Bu sebeple bu insanlar önceden kendilerinden uzaklaştırmış oldukları kötülüklerin aynısını işlerler.

Tanrı, günah işlemelerine ve dünyayı sevmelerine rağmen hala onları bağışlamayı ve sevmeyi arzular. Nasıl Hoşea başka bir adamı seven ve zina işlemiş olan karısını geri getirdiyse, Tanrı'da günah işlemiş olan çocuklarının geri dönüşünü ve tövbelerini bekler.

Bu sebeple, bizlere cehennemin mesajını veren Tanrı'nın yüreğini anlamak zorundayız. Tanrı bizleri korkutmayı istemez. Bizlerin cehennemin sefaletini öğrenmesini, tamamıyla tövbe etmesini ve kurtuluşa sahip olmasını ister. Cehennemin mesajı, Tanrı'nın bizler için yanıp tutuşan sevgisini ifade etme yoludur. Ayrıca Tanrı'nın niçin cehennemi hazırlamak zorunda olduğunu anlamalıyız ki yüreğini daha derinden kavrayabilelim ve insanları ebedi cezalardan kurtarmak için daha fazla insana müjdeyi yayabilelim.

2. Sevgi Tanrı'sı Niçin Cehennemi Hazırlamak Zorunda Kaldı?

Yaratılış 2:7 şöyle der, *"RAB Tanrı Âdem'i topraktan Yarattı ve burnuna yaşam soluğunu üfledi. Böylece Âdem yaşayan varlık oldu."*

Kilisemin kapılarının açılışından bir yıl sonraya dek gelen 1983 yılında Tanrı bana Âdem'in yaratılışının betimlendiği bir görünüm gösterdi. Tanrı, bir çocuğun en sevdiği oyuncakla oynaması gibi sevinç ve mutlulukla, sevgi ve alakayla Âdem'e kilden şekil veriyordu. Tam bir hassasiyetle Âdem'e şekil verdikten sonra, burnuna yaşam soluğunu üfledi. Kendisi ruh olan Tanrı'dan yaşam soluğunu aldığımızdan ruhumuz ve canımız ölümsüzdür. Topraktan meydana gelen beden yok olacak ve tekrar bir avuç toprağa dönüşecektir ama ruhumuzla canımız sonsuza dek yaşayacaktır.

Bu sebeple Tanrı, bu ölümsüz ruhların kalabileceği yerler hazırlamak zorundaydı ve bu yerler, göksel egemenlikle cehennemdir. 2. Petrus 2:9-10 ayetlerinde yazıldığı gibi, Tanrı'dan korkan hayatlar süren insanlar kurtulup göklere alınacak ama doğru olmayanlar cehennemde cezalandırılacaklardır.

Görülüyor ki Rab kendi yolunda yürüyenleri karşılaştıkları denemelerden nasıl kurtaracağını bilir. Doğru olmayanları, özellikle benliğin yozlaşmış tutkuları ardından giden ve yetkisini hor görenleri cezalandırarak yargı gününe dek nasıl alıkoyacağını da bilir. Bu küstah, dikbaşlı kişiler yüce varlıklara sövmekten korkmazlar.

Tanrı'nın çocukları, Tanrı'nın ebedi egemenliğinin altında göklerde yaşadıklarından göksel egemenlik her zaman sevinç ve mutlulukla dolu olurken, cehennem ise Tanrı'nın sevgisini kabul etmek yerine O'na ihanet edenlerin, günaha köle olanların yaşadığı yer olarak şiddetli cezalarla dolu olacaktır. Peki, Sevgi Tanrı'sı niçin cehennemi hazırlamak zorundaydı?

Tanrı buğdayla samanı birbirinden ayırır

Tıpkı çiftçinin tohumları ekip yetiştirmesi gibi, Tanrı'da gerçek çocuklarını kazanmak için insanları yeryüzünde yetiştirir. Hasat zamanı geldiğinde, Tanrı buğdayla samanı birbirinden ayırır ve buğdayı göklere, samanı ise cehenneme yollar.

> *"Yabası elindedir. Harman yerini temizleyecek, buğdayını toplayıp ambara yığacak, samanı ise sönmeyen ateşte yakacak"* (Matta 3:12).

Burada "buğday," İsa Mesih'i kabul edenleri, Tanrı'nın kaybolan suretini yansıtmaya çabalayanları ve O'nun Sözüne uygun yaşayanları sembolize eder. "Saman" ise, İsa Mesih'i Kurtarıcı olarak kabul etmeyerek bu dünyayı çok sevenleri ve kötülüğün peşinden gidenleri temsil eder.

Nasıl çiftçi buğdayını ambarda toplayıp samanı yakacak veya hasat zamanı gübre olarak kullanacaksa, Tanrı'da buğdayı göklere alır ve samanı cehenneme atar.

Tanrı bizlerin aşağı ölüler diyarı ve cehennemin var olduğunu bildiğimizden emin olmak ister. Yeryüzü yüzeyinin altında ki lav ve ateş cehennemde ki sonsuz cezaların bir hatırlatmasına hizmet eder. Eğer yeryüzünde hiç ateş veya kükürt olmasaydı, aşağı ölüler diyarı ve cehennemin tüyler ürpertici görüntülerini nasıl tasavvur ediyor olurduk? Tanrı bu şeyleri yarattı çünkü onlar insanın yetiştirilmesi için gerekliydi.

"Saman"ın cehennem ateşine atılma sebebi

Bazıları şu soruyu sorabilir, "Niçin sevgi Tanrı'sı cehennemi hazırladı? Niçin samanında göklere alınmasına izin vermedi?"

Göksel egemenliğin güzelliği hayallerimizin ve kelimelerin çok ötesindedir. Göklerin efendisi Tanrı, leke ve kusurdan noksan olarak kutsaldır ve dolayısıyla ancak O'nun isteklerini yerine getirenlerin göklere alınmasına izin verilir (Matta 7:21). Sevgi ve iyilikle dopdolu insanların yanına kötü insanların girmesine izin verilseydi göksel egemenlikte ki yaşam olağanüstü zor ve uygunsuz olacak ve güzeller güzeli göksel egemenlik kirlenecekti. Bu nedenle Tanrı, samanı buğdaydan ayırmak için göksel egemenlik ve cehennemi hazırlamak zorunda kalmıştır.

Cehennem olmasaydı doğru ve kötü insanlar bir arada yaşamak zorunda kalacaklardı. Eğer durum böyle olsaydı, göksel egemenlik karanlığa gömülecek, azap içinde ki haykırış ve ağlamalarla dolup taşacaktı. Ancak Tanrı'nın insanı yetiştirme amacı böyle bir yer yaratmak değildir. Göksel egemenlik, gözyaşlarının, ıstırap ve hastalıkların olmadığı, Tanrı'nın çocuklarıyla taşan sevgisini ebediyen paylaşabileceği bir yerdir.

Dolayısıyla cehennem, saman misali kötü ve değersiz insanların ebediyen tutulmaları için gerekli bir yerdir.

Romalılar 6:16 şöyle der, *"Söz dinleyen köleler gibi kendinizi kime teslim ederseniz, sözünü dinlediğiniz kişinin köleleri olduğunuzu bilmez misiniz? Ya ölüme götüren günahın ya da doğruluğa götüren sözdinlerliğin kölelerisiniz."* Hatta bilmiyor olsalar dahi Tanrı'nın sözüne göre yaşamayanlar günahın ve düşmanımız şeytanla iblisinde köleleridir. Yeryüzünde şeytanın ve iblisin kontrolü altındadırlar ve öldükten sonra ise cehennem de yaşayan kötü ruhların ellerine teslim edilecek ve her türlü cezaya maruz kalacaklardır.

Tanrı herkesin karşılığını yaptıklarına göre verir

Tanrı'mız sadece sevginin, merhametin ve iyiliğin Tanrı'sı değildir ama ayrıca bizlerin karşılığını yaptığımız işlere göre veren hak ve adaletinde Tanrı'sıdır. Galatyalılar 6:7-8 şöyle der:

> *Aldanmayın, Tanrı alaya alınmaz. İnsan ne ekerse onu biçer. Kendi benliğine eken, benlikten ölüm biçecektir. Ruh'a eken, Ruh'tan sonsuz yaşam biçecektir.*

Dualarınızı ve övgülerinizi ektiğinizde göklerden gelen güç ile Tanrı'nın sözüne göre yaşamanıza izin verilecek ve ruhunuzla canınız gönenç içinde olacak. Sadık hizmetlerle birlikte ektiğinizde, tüm parçalarınız, yani bedeniniz, ruhunuz ve canınız güçlenecek. Ondalık veya şükran sunuları olarak para ektiğinizde, Tanrı'nın egemenliği ve doğruluğu için daha çok ekebilmenize geçit verecek şekilde bolca mali yönden kutsanacaksınız. Ama eğer kötülük ekerseniz, kötülüğünüze eş büyüklükte kötülük size geri verilecek. İnançlı olsanız dahi günahlar ve hukuksuzluk ektiğinizde, sınamalarla yüzleşeceksiniz. Bu yüzden, Kutsal Ruh'un yardımıyla bu gerçeği kavrayarak ve öğrenerek ebedi yaşama sahip olmanızı umut ediyorum.

Yuhanna 5:28-29 ayetlerinde İsa bizlere şöyle demiştir; *"Buna şaşmayın. Mezarda olanların hepsinin O'nun sesini işitecekleri saat geliyor. Ve onlar mezarlarından çıkacaklar. İyilik yapmış olanlar yaşamak, kötülük yapmış olanlar yargılanmak üzere dirilecekler."* Matta 16:27'de İsa bize şu sözü vermiştir; *"İnsanoğlu, Babası'ın görkemi içinde melekleriyle gelecek ve herkese, yaptığının karşılığını verecektir."*

Şaşmaz bir doğruluğun Yargısıyla Tanrı, herkesi yaptıklarına uygun ödül ve cezalarla ödüllendirir. Bireylerin göklere alınması veya cehenneme düşmesi Tanrı'ya kalmış bir şey değildir. Bu, kendi özgür iradeleri olan bireylere bağlıdır ve herkes ne ekerse onu biçer.

3. Tanrı, Tüm İnsanların Kurtuluşa Nail Olmasını İster

Tanrı, kendi sureti ve benzerliğinde yarattığı insanı tüm kâinattan daha önemli addeder. Böylece Tanrı tüm insanlardan İsa Mesih'e inanmasını ve kurtuluşa nail olmasını arzular.

Bir günahkâr tövbe ettiğinde Tanrı daha fazla sevinç duyar

Yüz koyunundan doksan dokuzu güvende olsa bile kaybolan bir koyununu engebeli yollarda arayan bir çobanın yüreğiyle (Luka 15:4-7), Tanrı, tövbe etmeye gereksinimleri olmayan doksan dokuz doğru insandan daha çok tövbe eden bir günahkârdan sevinç duyar.

Mezmurlar 103:12-13 şöyle der, *"Doğu batıdan ne kadar uzaksa, O kadar uzaklaştırdı bizden isyanlarımızı. Bir baba çocuklarına nasıl sevecen davranırsa, RAB de kendisinden korkanlara öyle sevecen davranır."* Tanrı ayrıca Yeşaya 1:18'de şu vaatte bulunur, *"Gelin, şimdi davamızı görelim. Günahlarınız sizi kana boyamış bile olsa Kar gibi ak pak olacaksınız. Elleriniz kırmız böceği gibi kızıl olsa da Yapağı gibi bembeyaz olacak."*

Tanrı ışığın ta kendisidir ve O'nda hiçbir karanlık yoktur. Ayrıca günahtan nefret eden iyiliğinde bizzat kendisidir. Ancak bir günahkâr huzuruna çıkar ve tövbe ederse, Tanrı o günahkârın günahlarını hatırlamaz. Aksine ona sarılır ve sınırsız bağışlaması ve sıcak sevgisiyle bu kişiyi kutsar.

Birazcık dahi olsun Tanrı'nın şaşırtıcı sevgisini anlayabilirseniz, her bir bireye samimi bir sevgiyle muamele edersiniz. Cehennemin ateşine doğru yol alanlara karşı şefkat duymalı, onlar için içtenlikle dua etmeli, müjdeyi onlarla paylaşmalı, zayıf imanları olanları ziyaret edip daha sağlamca yere basmaları için imanlarını güçlendirmelisiniz.

Tövbe etmezseniz

1. Timoteos 2:4 bize şöyle der, *"[Tanrı] O bütün insanların kurtulup gerçeğin bilincine erişmesini ister."* Tanrı tüm insanların kendisini tanımasını, kurtuluşa nail olmasını ve Kendisinin olduğu yere gelmesini ister. Tanrı, karanlıkta olup günah işleyerek kendisine dönen tek bir kişinin kurtuluşundan dahi memnuniyet duyar.

Her ne kadar Tanrı kendi Oğlu'nun çarmıhta kurban edilmesini sağlayacak kadar insanlara sayısız tövbe fırsatı vermiş olsa da eğer tövbe etmeden ölürlerse onlar için tek bir seçenek geriye kalır. Ruhani dünyanın yasasına göre ne ekmişler ise onu biçecekler, ne yapmışlar ise onun karşılığını alacaklar ve sonunda cehenneme atılacaklardır.

Ümit ediyorum ki Tanrı'nın şaşırtıcı sevgisini ve adaletini kavrayarak ve İsa Mesih'i alarak bağışlanacaksınız. Göklerde bir güneş gibi parlayabilmek için Tanrı'nın isteğine göre davranıp yaşayın.

4. Cesurca Müjdeyi Duyur!

Göksel egemenliğin ve cehennemin varlığını bilen ve buna inananlar müjdeyi duyurmaktan kendilerini alamazlar çünkü herkesin iyi bir şekilde kurtuluşa sahip olmasını isteyen Tanrı'nın yüreğini bilirler.

Cehennem

İnsanlar olmadan iyi haberi yaymak

Romalılar 10:14-15 ayetleri bizlere Tanrı'nın müjdeyi yayanlara övgüler yağdırdığını söyler:

"Ama iman etmedikleri kişiye nasıl yakaracaklar? Duymadıkları kişiye nasıl iman edecekler? Tanrı sözünü yayan olmazsa, nasıl duyacaklar? Sözü yaymaya gönderilmezlerse, sözü nasıl yayacaklar?" Yazılmış olduğu gibi: "İyi haber müjdeleyenlerin ayakları ne güzeldir!"

2. Krallar 5'de Aram'ın kralının ordu komutanı olan Naaman ile ilgili bir hikâye vardır. Naaman kralının gözünde saygın ve efendi bir adamdı çünkü pek çok kez ülkesini kurtarmıştı. Ün ve zenginlik kazanmıştı ve hiçbir eksikliği yoktu. Ancak Naaman deri hastalığına tutuldu. O günlerde deri hastalığı tedavisi mümkün olmayan bir hastalıktı ve göklerden gönderilen bir lanet olduğu düşünülüyordu. Dolayısıyla tüm sahip olduğu şeyler Naaman için faydasızdı ve kendi kralı bile ona yardım edemiyordu.

Gün be gün çürüyüp bozulan sağlıklı bedenini seyreden Naaman'nın yüreğini hayal edebiliyor musunuz? Dahası kendi aile fertleri bile hastalık kendilerine geçer korkusuyla ondan uzak duruyordu. Naaman ne kadar da güçsüz ve çaresiz hissetmiş olmalı?

Ancak Tanrı'nın bu nazik komutan için iyi bir planı vardı. İsrail'den tutsak alınmış ve Naaman'ın karısına hizmet eden küçük bir kız!

Sevgi Tanrı'sı Niçin Cehennemi Hazırladı?

Hizmetçiyi dinledikten sonra Naaman iyileşir

Küçük bir kız olsa da hizmetçi Naaman'ın sorununu çözmenin yolunu biliyordu. Samiriye'de ki peygamber olan Elişa'nın efendisini iyileştireceğine inanıyordu. Elişa'nın aracılığıyla sergilenen Tanrı'nın gücüyle ilgili haberi efendisi iyileşebilsin diye cesurca söyledi. Oldukça fazla iman ettiği bir konuda ağzını kapalı tutamadı. Bunu duyduktan sonra Naaman büyük bir içtenlikle sunular hazırladı ve peygamberi görmeye gitti.

Naaman'a ne olduğunu düşünüyorsunuz? Elişa ile birlikte olan Tanrı'nın gücüyle tamamıyla iyileşti. Bunun üzerine hatta şöyle dedi; *"Şimdi anladım ki, İsrail dışında dünyanın hiçbir yerinde Tanrı yoktur"* (a. 15). Naaman sadece hastalığından kurtulmakla kalmadı ama ayrıca ruhu ile ilgili sorunlarda çözüldü.

Bu hikaye ile ilgili İsa Luka 4:27'de şu yorumu yapar: *"Peygamber Elişa'nın zamanında İsrail'de çok sayıda cüzamlı vardı. Bunlardan hiçbiri iyileştirilmedi; yalnız Suriyeli Naaman iyileştirildi."* İsrail'de onca cüzamlı olmasına rağmen niçin sadece Yahudi olmayan Naaman iyileştirildi? Çünkü Naaman'ın yüreği başka insanların öğütlerini dinleyecek kadar iyi ve alçakgönüllüydü. Yahudi olmamasına rağmen Tanrı onun için kurtuluş yolunu hazırladı çünkü iyi bir adam, kralına sadık bir komutan ve ülkesi için canını seve seve verecek kadar insanlarını seven bir hizmetkârdı.

Ama eğer İsrailli hizmetçi kız ona Elişa'nın gücü hakkında bir şey söylememiş olsaydı iyileşmeden ölecek ve zayıf bir kurtuluşa nail olacaktı. Asil ve kıymetli savaşçının hayatı küçük bir kızın dudaklarından dökülen sözlere bağlıydı.

Cesurca müjdeyi duyurun

Naaman ile olduğu gibi, sizin çevrenizde ki pek çok kişide ağzınızı açmanızı bekliyor. Hatta bu hayatta bile pek çok sıkıntılardan çekiyor ve her gün cehenneme doğru yol alıyorlar. Yeryüzünde böylesi sıkıntılı hayatlardan sonra sonsuza dek işkence görecek olmaları ne kadar acıklı olacak? Bu yüzden Tanrı'nın çocukları cesurca müjdeyi bu insanlara duyurmalıdırlar.

Tanrı, Rab'bin gücü yoluyla ölmek üzereyken hayatı kazananlardan ve sıkıntı çekerken azat olanlardan muazzam bir memnuniyet duyacaktır. Onlara, "Ruhumu tazeleyen çocuğumsun." diyerek daha sağlıklı ve refah içinde olmalarını sağlayacaktır. Dahası Tanrı onlara Tanrı'nın Tahtının olduğu görkemli Yeni Yeruşalim Kent'ine girmelerini sağlayacak kadar iman sahibi olmalarına yardım eder. Bunun yanı sıra sizin sayenizde müjdeyi duyan ve İsa Mesih'i kabul edenler size yaptıklarınızdan dolayı minnetle dolu olmayacaklar mı?

Eğer insanlar bu hayatta kurtulmalarını sağlayacak kadar imana sahip olmazlarsa, cehenneme gittikten sonra bir "ikinci şansa" asla sahip olamayacaklar. Sonsuz azabın ortasında sadece ebediyen pişmanlık duyar ve feryat ederler.

Sizlerin müjdeyi duymanız ve Rab'bi kabul etmeniz için, kılıçlarla öldürülen, aç hayvanlara yem olarak atılan veya iyi haberleri yayarken şehit düşen sayısız imanın ataları tahmin edilemeyecek boyutlarda kendilerini buna adadılar ve kurban verdiler.

Cehennemden kurtulmuş olduğunuzu bilerek ne yapmalısınız? Pek çok canı cehennem yolundan çıkarıp Rab'bin kollarına taşımak için elinizden gelenin en iyisini yapmayı denemelisiniz? 1. Korintliler 9:16'da elçi Pavlus yanan bir yürekle misyonunu şöyle açıklar: *"Müjde'yi yayıyorum diye övünmeye hakkım yok. Çünkü bunu yapmakla yükümlüyüm. Müjde'yi yaymazsam vay halime!"*

Umut ediyorum ki Rab'bin yanan yüreğiyle dünyaya yayılır ve pek çok canı cehennemin ebedi cezasından kurtarırsınız.

Bu kitap sayesinde cehennem diye çağrılan sonsuz, tüyler ürpertici ve berbat yeri öğrendiniz. Tek bir kişiyi dahi kaybetmeyi istemeyen Tanrı'nın sevgisini duyumsamanız, Hristiyan yaşantınızda uyanık olmanız ve duyması gerekli olan herkese müjdeyi duyurmanız için dua ediyorum.

Bu şekilde, Tanrı'nın gözünde tüm dünyada ki her şeyden daha değerli ve kâinatta mevcut her şeyden daha kıymetli olursunuz çünkü Tanrı'nın suretinde yaratılmışsınızdır. Bu yüzden Tanrı'ya karşı gelerek günahın köleleri olmamalı ama ışıkta yürüyen, gerçeğe göre yaşayan ve davranışlar sergileyen Tanrı'nın gerçek bir çocuğu olursunuz.

Âdem'i yarattığında hissettiği aynı derecede memnuniyetle, bu gün bile Tanrı sizi izlemektedir. Gerçek bir yüreğe sahip olmanızı, hızla imanınızı olgunlaştırmanızı ve Mesih'te tam bir doygunluğa ulaşmanızı ister.

Rab'bin adıyla İsa Mesih'i hızla kabul ederek ve Tanrı'nın değerli bir çocuğu olarak kutsama ve yetkileri alarak yeryüzünün tuzu ve ışığı rolünü üstlenebilmeniz ve sayısız insanı kurtuluş yoluna sevk etmeniz için dua ediyorum.

Yazar:
Dr. Jaerock Lee

Dr. Jaerock Lee, 1943 yılında Kore Cumhuriyeti'nin Jeonnam eyaletine bağlı Muan'da doğdu. Yirmili yaşlarında yedi yıl süren ve tedavisi mümkün olmayan birçok hastalıktan çekti ve iyileşme umudu olmadan ölümü bekledi. Fakat 1947 yılının bir bahar gününde, kız kardeşi tarafından bir kiliseye götürüldü ve orada dizlerinin üzerine dua etmek için çöktüğü anda, Yaşayan Tanrı, O'nu tüm hastalıklarından bir anda iyileştirdi.

Dr. Lee, bu olağanüstü tecrübenin akabinde karşılaştığı Yaşayan Tanrı'yı o andan itibaren tüm kalbi ve samimiyetiyle sevdi ve 1978 yılında Tanrı'ya hizmet için göreve çağrıldı. Tanrı'nın isteğini tüm berraklığıyla anlayabilmek, bütünüyle yerine getirmek için kendini adayarak dua etti ve Tanrı'nın Sözüne itaat etti. 1982 senesinde Seul, Kore'de Manmin kilisesini kurdu ve bu kilisede mucizevî şifa, belirti ve harikalar gibi Tanrı'nın sayısız işleri meydana gelmektedir.

Dr. Lee, 1986 yılında Kore İsa'nın Sungkyul kilisesinin senelik toplantısında papazlığa atandı ve 1990 yılında vaazları Avustralya, Rusya ve Filipinlerde yayınlanmaya başladı; Uzakdoğu Radyo Yayın Şirketi, Asya Radyo İstasyonu ve Washington Hrıstiyan Radyo Sistem yayıncılık şirketleri vesilesiyle kısa zamanda pek çok ülkeye daha ulaşıldı.

1993 yılında Manmin Kilisesi Hrıstiyan Dünya dergisi (ABD) tarafından "Dünyanın önde gelen 50 Kilisesi"nden biri seçildi ve Dr. Lee, Florida, ABD'de bulunan Christian Faith Üniversitesi İlahiyat Fakültesinden fahri doktora derecesini aldı. 1996 yılında ise Iowa, ABD Kingsway Theological Seminary'de papazlık üzerine doktorasını yaptı.

1993 yılından beri Dr. Lee, Tanzanya, Arjantin, Los Angeles, Baltimore City, Hawaii ve ABD New York, Uganda, Japonya, Pakistan, Kenya, Filipinler, Honduras, Hindistan, Rusya, Almanya, Peru, Kongo Demokratik Cumhuriyeti, İsrail ve Estonya olmak üzere pek çok yurtdışı misyonerlik faaliyetiyle dünyaya İncil'in müjdesini duyurmaktadır.

2002 yılında, çeşitli yurtdışı misyon faaliyetlerindeki güçlü vaizliği için, Kore'nin önde gelen Hrıstiyan gazeteleri tarafından "Dünya Çapında Dirilişçi" kabul edilmiştir. Özellikle öne çıkan, dünyanın en ünlü arenası olan Madison Square Garden'da 2006 yılında gerçekleştirilen New York Seferi'dir; etkinlik 220 ülkede yayınlanmıştır. 2009 yılında Kudüs Uluslararası Kongre Merkezi'nde gerçekleştirilen "Birleşmiş İsrail Seferi'nde", cesurca İsa'nın Mesih ve Kurtarıcı olduğunu ilan etmiştir.

GCN TV dâhil olmak üzere, uydular aracılığıyla vaazları 176 ülkede yayınlanmaktadır. Popüler Rus Hristiyan dergisi *In Victory* tarafından 2009 ve 2010 yıllarının en önde gelen 10 etkin Hristiyan önderlerinden biri, *Christian Telegraph* haber ajansı tarafından ise güçlü TV yayıncılığıyla vaaz ve yurtdışı kilise faaliyetleri için etkin bir önder seçilmiştir.

Mayıs 2016 tarihi itibarıyla Manmin Merkez Kilisesi'nin 120,000'den fazla cemaat üyesi bulunmaktadır. 56 yerel kilisesi dâhil olmak üzere dünya çapında 10,000 şube kilisesi bulunmaktadır ve Amerika Birleşik Devletleri, Rusya, Almanya, Kanada, Japonya, Çin, Fransa, Hindistan, Kenya ve daha fazlası olmak üzere 23 ülkeye 102'dan fazla rahip atamıştır.

En çok satanlar listesinde *Ölümden Önce Sonsuz Yaşamı Tatma, Hayatım ve İmanım I&II, Çarmıhın Mesajı, İmanın Ölçüsü, Göksel Egemenlik I&II, Cehennem, Uyan İsrail, Tanrı'nın Gücü* olmak üzere, bu kitabın yayınlanış tarihi itibarıyla 104 kitap yazmış ve kitapları 76'den fazla dile çevrilmiştir.

Dini makaleleri *The Hankook Ilbo, The JoongAng Daily, The Chosun Ilbo, The Dong-A Ilbo, The Seoul Shinmun, The Hankyoreh Shinmun, The Kyunghyang Shinmun, The Korea Economic Daily, The Korea Herald, The Shisa News,* ve *The Christian Press* dergi ve gazetelerinde yayınlanmaktadır.

Dr. Lee şu anda birçok misyonerlik kuruluşunun ve derneğinin kurucusu ve başkanıdır. Bunlardan bazıları şunlardır: İsa Mesih'in Birleşmiş Kutsallık Kilisesi (The United Holiness Church of Jesus Christ) Dünya Hristiyanlığı Diriliş Misyonu Derneği (The World Christianity Revival Mission Association) Daimi Başkanı; Global Hristiyan Network (GCB-Global Christian Network)) Kurucusu ve Yönetim Kurulu Başkanı; Dünya Hristiyan Doktorları (WCDN- The World Christan Doctors Network) Kurucusu ve Yönetim Kurulu Başkanı; Manmin Uluslararası İlahiyat Okulu (MIS- Manmin International Seminary) Kurucusu ve Yönetim Kurulu Başkanı.

Aynı Yazar Tarafından Yazılmış Diğer Etkili Kitaplar

Göksel Egemenlik I & II

Göksel ahalinin keyfine vardığı muhteşem güzellikte ki yaşama ortamının detaylı bir taslağı ve göksel egemenliğin farklı katlarının güzel bir açıklaması.

Çarmıhın Mesajı

Ruhani uykuda olan tüm insanların uyanmasını sağlayan güçlü bir mesaj! Bu kitapta İsa'nın niçin tek Kurtarıcı olduğunu ve Tanrı'nın gerçek sevgisini keşfedeceksiniz.

Ölümden Önce Sonsuz Yaşamı Tatma

Tekrar doğarak ölümün vadisinden kurtulan ve örnek bir Hristiyan hayatının öncülüğünü yapan Rahip Dr. Jaerock Lee'nin şahitlik eden biyografisi.

Ruh, Can ve Beden I & II

Ruh, can ve beden hakkında ruhani kavrayışa sahip olmamızı ve nasıl bir özden yaratıldığımızı keşfetmemizi sağlayan bu rehber kitap sayesinde karanlığı yenilgiye uğratmak ve ruhun insanına dönüşmek için güce sahip olabiliriz.

İmanın Ölçüsü

Sizin için gökler nasıl bir yer, ne tip bir taç ve ödül hazırlandı? Bu kitap sizlere imanınızı ölçebilmeniz ve en iyi ve en olgun imana sahip olabilmeniz için bilgi ve rehberlik sağlar.

Uyan İsrail

Niçin dünyanın başından günümüze kadar Tanrı gözlerini srail'den ayırmamıştır? Tanrı bu son günlerde İsrail için nasıl bir takdiri ilahi hazırlamıştır? Bu kitap, Mesih ile İsrail arasında ki ilişkiye ve Tanrı'nın İsrail için planladıklarına ışık tutar.

Hayatım ve İmanım I & II

Karanlık dalgalar, evlilik scrunları ve derin çaresizliklerle geçen yaşamı, Tanrı'nın sevgisiyle tekrar doğan ve okuyucularına hoş kokulu ruhani aroma yayan Dr. Jaerock Lee'nin otobiyografisi.

Tanrı'nın Gücü

Bir kişinin gerçek imana sahip olması ve Tanrı'nın olağanüstü gücünü deneyim etmesinde temel kılavuz görevi gören ve mutlaka okunması gereken bir kitap.

www.urimbooks.com

www.ingramcontent.com/pod-product-compliance
Lightning Source LLC
LaVergne TN
LVHW041754060526
838201LV00046B/999